Nicole Funck
Michael Narten
Roland Hanewald

Helgoland

W0174544

„Grün ist das Land,
rot ist die Kant',
weiß ist der Sand –
das sind die Farben von Helgoland."

Die Insel beschreibender Spruch der Helgoländer

Impressum

Nicole Funck, Michael Narten, Roland Hanewald
Reise Know-How Helgoland

erschienen im
Reise Know-How Verlag Peter Rump GmbH,
Bielefeld, Osnabrücker Str. 79, 33649 Bielefeld

© Reise Know-How Verlag Peter Rump GmbH
2005, 2007, 2009, 2010, 2012, 2013, 2016
8., neu bearbeitete und aktualisierte Auflage 2018

Gestaltung
Umschlag: G. Pawlak, P. Rump (Layout);
    Svenja Lutterbeck (Realisierung)
Inhalt: G. Pawlak (Layout); M. Luck (Realisierung)
Fotonachweis: siehe Seite 250
Titelfoto: Michael Narten (Motiv: das grüne
    Helgoländer Oberland mit roter Felskante)
Karten: C. Raisin; der Verlag

Lektorat: M. Luck
Lektorat (Aktualisierung): Svenja Lutterbeck

Druck und Bindung: D3 Druckhaus GmbH, Hainburg

Anzeigenvertrieb: KV Kommunalverlag GmbH & Co. KG,
Alte Landstraße 23, 85521 Ottobrunn,
Tel. 089-928096-0, info@kommunal-verlag.de

ISBN 978-3-8317-3114-5
Printed in Germany

Dieses Buch ist erhältlich in jeder Buchhandlung
Deutschlands, der Schweiz, Österreichs, Belgiens
und der Niederlande. Bitte informieren Sie Ihren
Buchhändler über folgende Bezugsadressen:

Deutschland
    Prolit GmbH, Postfach 9, D-35461 Fernwald (Annerod)
    sowie alle Barsortimente
Schweiz
    AVA Verlagsauslieferung AG
    Postfach 27, CH-8910 Affoltern
Österreich
    Mohr Morawa Buchvertrieb GmbH
    Sulzengasse 2, A-1230 Wien
Niederlande, Belgien
    Willems Adventure, www.willemsadventure.nl

Wer im Buchhandel trotzdem kein Glück hat,
bekommt unsere Bücher auch über unseren
Büchershop im Internet: www.reise-know-how.de

Wir freuen uns über Kritik, Kommentare
und Verbesserungsvorschläge, gern auch
per E-Mail an info@reise-know-how.de.

Alle Informationen in diesem Buch sind
von den Autoren mit größter Sorgfalt gesammelt und vom Lektorat des Verlages gewissen-
haft bearbeitet und überprüft worden.

Da inhaltliche und sachliche Fehler nicht aus-
geschlossen werden können, erklärt der Verlag, dass alle Angaben im Sinne der
Produkthaftung ohne Garantie erfolgen
und dass Verlag wie Autoren keinerlei
Verantwortung und Haftung für inhaltliche
und sachliche Fehler übernehmen.

Die Nennung von Firmen und ihren Produkten
und ihre Reihenfolge sind als Beispiel ohne
Wertung gegenüber anderen anzusehen.
Qualitäts- und Quantitätsangaben sind rein
subjektive Einschätzungen der Autoren und
dienen keinesfalls der Bewerbung von Firmen
oder Produkten.

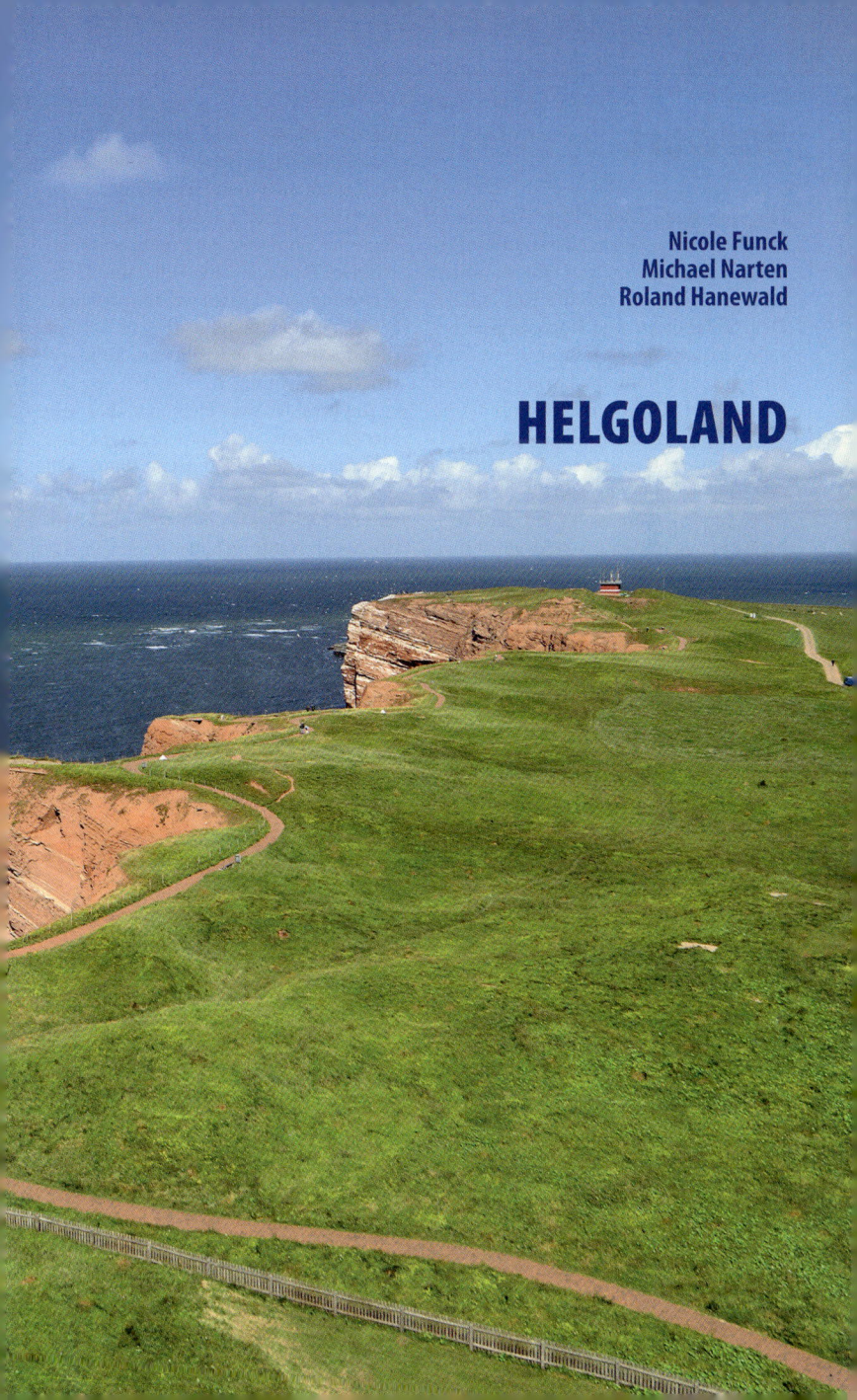

Nicole Funck
Michael Narten
Roland Hanewald

HELGOLAND

Vorwort

Für eine Reise nach Helgoland gibt es vor allem einen Grund: Es ist die **einzigartige Lage** des winzigen Eilands mitten in der Nordsee, fernab der Küstenlinie. Deutschlands einzige Hochseeinsel besteht aus der felsigen Hauptinsel und der knapp einen Kilometer davon entfernten Nebeninsel Düne. Die Kombination zwischen der Steilküste aus roten Buntsandsteinfelsen und der sandigen Dünen- und Strandlandschaft der Nebeninsel ist faszinierend. Aufgrund der exponierten Lage mitten im Meer spürt man hier die Kräfte der Natur und die saubere Luft ganz besonders intensiv. Die Schönheit Helgolands erschließt sich jedoch oft erst auf den zweiten Blick.

Dicht gedrängt stehen die Häuser auf dem Unter- und Oberland. Sie bilden ein ganz eigenes Gesamtkunstwerk. Nirgendwo in Deutschland ist die **Architek-** tur der **1950er- und 1960er-Jahre** in dieser Menge zu sehen. Deshalb steht das Ganze auch unter Ensembleschutz. Die vielen verschiedenen Geschäfte laden zum Bummeln und mehrwertsteuerfreiem Einkaufen ein. Durst und Hunger können auf Helgoland an jeder Ecke gestillt werden, es gibt diverse Restaurants mit unterschiedlichen kulinarischen Ausrichtungen.

Die Insel ist zwar klein, hat aber jede Menge Sehens- und Entdeckenswertes – und das auf sehr begrenztem Raum. Oft sind es nur wenige Meter, die Beobachter und Zielobjekt voneinander trennen. Aber auch Naturliebhaber finden einzigartige Szenarien. Nirgendwo in Deutschland kommt man **Kegelrobben** und **Seehunden** so nah wie hier. Helgoland ist auch ein Paradies für **Vogelliebhaber.**

⌄ Die Helgoländer Hummerbuden

275he mna

Die Insel wird insbesondere während der Zeit des Vogelzugs im Frühling und Herbst von zahlreichen gefiederten Freunden als Rastplatz und Zwischenstation ausgesucht. In dieser Zeit sind auch die Spektive der Vogelkundler unübersehbar im Dauereinsatz. Über 400 Vogelarten wurden hier schon nachgewiesen. Die Seevogelkolonien im Naturschutzgebiet „Lummenfelsen" befinden sich an der Steilküste, die man vom Oberland aus sehr gut sehen kann. Die Nester der Basstölpel liegen teilweise unmittelbar neben dem „Klippenrandweg" auf dem Oberland. Hier herrschen ideale Bedingungen für Forscher, Ornithologen und Fotografen.

Anreisen sollte man am besten mit dem Schiff, so beginnt der Urlaub bereits mit ein paar entspannten Stunden an Bord. Als **Tagesgast** hat man etwa vier Stunden Aufenthalt. Den besten Eindruck von Helgoland gewinnt man auf dem **„Klippenrandweg",** auf dem man das Oberland einmal umrundet. Gemütliche zwei Stunden dauert das und man kommt am Leuchtturm, am „Lummenfelsen" und am Wahrzeichen der Insel, der Felsnadel „Lange Anna", vorbei. Nebenbei spürt und sieht man die Unterschiede zwischen der rauen Westseite und der geschützten Ostseite. An Aussichtsstellen auf das Mittel- und Unterland sowie die Nebeninsel Düne mangelt es nicht, und auch die Schrebergartenkolonie, die nebenbei durchquert wird, zeigt üppige Gartenpracht auf kleinstem Raum. Als Tagesgast kann man alternativ auch die Düne einmal umrunden, aber dann bleibt keine Zeit mehr für die Hauptinsel.

Gedanken darüber zu machen, ob einem auf so einer kleinen Insel bereits nach einem Tag langweilig wird, braucht sich keiner. Allein schon die Natur sorgt für Abwechslung, manchmal wechselt das Wetter sogar innerhalb weniger Minuten. Wir empfehlen einen **mehrtägigen Aufenthalt.** Dann hat man die Gelegenheit, den Klippenrandweg zu unterschiedlichen Tageszeiten zu entdecken – besonders schön ist er im stimmungsvollen Abendrot. Aber auch wenn es stürmt, macht es Spaß, die Kraft der Natur zu spüren. Und bei einem mindestens zweitägigen Aufenthalt bleibt auch Zeit für eine ausführliche Erkundung der **Düne.** Sie lässt sich bequem per Schiff erreichen und bietet beste Möglichkeiten zur Beobachtung der Robben und vieler Wasservögel auf den beiden Süßwasserteichen. Ein besonderer Ort ist der Friedhof der Namenlosen, der ebenfalls auf der Düne liegt. Für den Strandurlaub mit der Familie gibt es auf der Nebeninsel sogar ein komfortables Bungalowdorf.

Und wenn das Wetter einmal so ist, dass man zum Aufenthalt an der frischen Luft keine Lust hat, kann man im Museum Helgoland jede Menge über die Insel erfahren, sich an den fantastischen Geschichten des Helgoländers James Krüss erfreuen oder im Meerwasserschwimmbad „Mare frisicum" Sauna und Wellness genießen. Unsere Empfehlung lautet: Auf nach Helgoland, denn die Langeweile ist woanders zu Hause.

Wir wünschen unseren Lesern eine schöne Zeit auf dem „Roten Felsen" mitten im Meer.

Nicole Funck, Michael Narten und Roland Hanewald

Inhalt

1 Sehenswertes 16

Unterkünfte – Preiskategorien im Buch

①	**30–50 €**
②	**50–70 €**
③	**70–90 €**
④	**über 90 €**

2 Insel-Info A–Z 46

3 Helgolands Natur 116

UNSER TIPP: Besonders empfehlenswerte Unterkünfte, Restaurants und sonstige besondere Tipps der Autoren *Nicole Funck* und *Michael Narten* sind als Tipp gekennzeichnet.

🦋 Der Schmetterling zeigt an, wo man **besonders gut Natur erleben** oder **Angebote im Bereich des nachhaltigen Tourismus** finden kann.

4 Die **Ziffern** in den farbigen Kästchen, die sich vor allem im Kapitel „**Insel-Info A–Z**" finden, verweisen auf den jeweiligen Legendeneintrag in den Karten.

Updates nach Redaktionsschluss
Auf der Produktseite dieses Reiseführers in unserem Internetshop finden Sie zusätzliche Informationen und wichtige Änderungen.

Exkurse

Karten

Steckbrief Helgoland

- **Name:** Helgoland
- **Landkreis:** Pinneberg
- **Bundesland:** Schleswig-Holstein
- **Lage:** Deutsche Bucht
- **Koordinaten:** 54° 11′ N , 7° 53′ O
- **Aufteilung:** Unterland, Mittelland, Oberland
- **Entfernung bis zum deutschen Festland:**
  nach St. Peter Ording: 48,5 km
  nach Cuxhaven: 70 km
- **Fläche Hauptinsel:** 1 km²
- **Fläche Nebeninsel Düne:** 0,7 km²
- **Länge/Breite Hauptinsel ohne Molen:**
  2,1 km /0,7 km
- **Länge/Breite Düne:** 1 km/0,7 km
- **Durchschnittliche Höhe:** 40 m ü. NHN
- **Höchster Punkt:** Pinneberg (wird so genannt)
  61,30 m
- **Einwohner:** ca. 1400 (Ende 2015)
- **Bevölkerungsdichte:** 333 Einwohner pro km²
  (zum Vergleich: Deutschland 230 pro km²)
- **Postleitzahl:** 27498
- **Vorwahl:** (+49) 04725
- **Internet:** www.helgoland.de

⌃ Das Wahrzeichen der Insel: Lange Anna

⌄ Lummen und Silbermöwen im roten Vogelfelsen

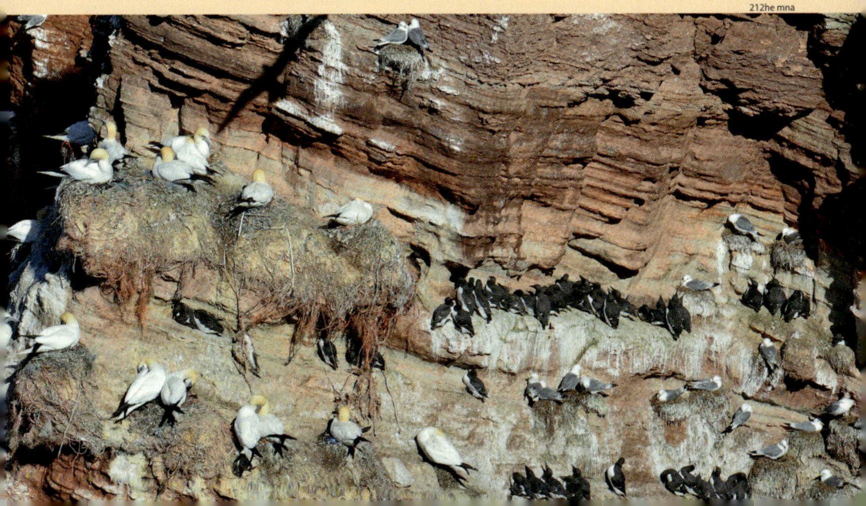

Willkommen auf Helgoland – Welkoam lip Lunn

Abfahrt

Auto am Fährhafen in Cuxhaven geparkt. Gepäckbanderole um den Griff gewickelt und Koffer vor dem Container abgestellt. Ein Mann in Latzhose verstaut alles fachmännisch. Mit dem Gang an Bord beginnt der Urlaub. Dann auf dem Deck dem Geschrei der Möwen zugehört. Die MS Helgoland ist ganz modern und fährt mit Flüssiggas (LNG). 2 bis 2½ Stunden dauert die Überfahrt, abhängig von Wind und Wetter.

Zweieinhalb Stunden später

Am Horizont ist die rote Felseninsel zu sehen. Langsam wird die einzigartige Silhouette von Ober- und Unterland deutlicher. Ein Basstölpel gibt uns fliegendes Geleit bis zur Einfahrt in Helgolands Vorhafen. Das Schiff wird am Süddamm festgemacht, wir steigen aus und rollen unsere Koffer an den Hummerbuden entlang Richtung Ortsmitte. Die Strandpromenade führt uns zwischen Hotelfassaden und dem Südstrand entlang.

Eindrucksvolles Stadtbild

Die Nachkriegsarchitektur bestimmt das streng geometrische Stadtbild. Es ist als Ensemble denkmalgeschützt und in seiner knappen Formensprache ein weltweit einzigartiges lokales Phänomen. Die Farben der Fassaden scheinen vorgegeben. Eng aneinandergereiht stehen die Häuser vor den Felsen. Die Wege hier sind nicht weit.

Blick aufs Meer

Nach kurzem Auspacken gilt unser erster Weg dem Oberland. Der Aufzug bringt uns in wenigen Sekunden hoch zum Falm. Den Aufstieg über 184 Treppenstufen ersparen wir uns heute. Vom Falm aus sieht man über die Dächer des Unterlands auf das Meer und die Nebeninsel Helgoland-Düne. In einem der Cafés bestellen wir Getränke und genießen die herrliche Aussicht.

Perfekter Abendhimmel am Lummenfelsen

Der Himmel zeigt sein Abendkleid. Wir gehen auf dem Klippenrandweg einmal ums Oberland, um den herrlichen Blick aufs Meer zu genießen. Das Geschrei der Möwen, Lummen und Basstölpel begleitet uns, als wir an Europas kleinstem Naturschutzgebiet, dem Lummenfelsen, vorbeigehen. Der Wind weht um unsere Nase, endlich Urlaub.

> Segelboote in Helgolands Südhafen

Zu jeder Zeit

- **31. Dezember/1. Januar**
Höhenfeuerwerk
- **1. März**
Gedenktag anlässlich der Freigabe Helgolands 1952
- **März bis Mai**
Ideale Bedingungen zur Zugvogelbeobachtung
- **Ostersamstag, 17 Uhr**
Osterfeuer auf der Düne
- **1. April**
Saisoneröffnung,
Helgolands Flagge wird zur Düne gebracht
- **18. April**
Gedenktag an den „Big Bang"
- **1. Mai**
Öffnung des Campingplatzes
- **um den 1. Mai**
Punkrockfestival „Rock'n'Roll Butterfahrt"
- **Mai**
Helgoland-Marathon
- **Pfingsten**
Nordseewoche mit Segelregatten
- **Juni/Juli**
Nachwuchs bei den Seehunden
- **Mitte bis Ende Juni**
Lummensprung und Lummentage

- **Mitte Juni**
Scheibenhafenfest
- **1. Samstag im Juli**
Börteboot-Ruderregatta
- **Mitte Juli**
Inselfest
- **Juli/August**
Hochseeregatta „Opti-Cup"
- **10. August**
Gedenktag wegen des Wechsels der Staats-
zugehörigkeit von Großbritannien zu Deutschland
- **September bis November**
Ideale Bedingungen zur Zugvogelbeobachtung
- **15. Oktober**
Der Campingplatz schließt
- **Mitte Oktober**
Helgoländer Vogeltage
- **10. November**
Sankt-Martins-Umzug
- **November/Dezember**
Nachwuchs bei den Kegelrobben
- **5. Dezember**
„Omloopen" der Kinder zu Nikolaus
- **2. und 3. Advent**
Weihnachtsmarkt Hummerbudenzauber

276he mna

Lummenfelsen | 28

Am besten gelangt man über den Klippenrandweg zum Lummenfelsen, mit 1,1 Hektar einem der kleinsten Naturschutzgebiete Helgolands. Hier lässt sich hautnah eine Seevogelkolonie mit mehr als 5000 Vogelarten beobachten.

Lange Anna | 30

Rund 47 Meter hoch ragt der bizarr geformte Brandungspfeiler aus dem typisch roten Gestein an der Nordspitze der Insel in die Höhe. „Nathurn Stak" wird er auf Helgoländer Friesisch genannt. Am besten zu sehen ist er während einer Inselrundfahrt vom Wasser aus.

Vogelwarte | 35

Das Institut für Vogelforschung IfV „Vogelwarte Helgoland" ist die Beringungszentrale für die norddeutschen Bundesländer. Mehrmals wöchentlich gibt es interessante Führungen.

Klippenrandweg | 25

Einmal rund um das Oberland führt der etwa drei Kilometer lange Klippenrandweg. Von dort aus lässt sich die fantastische Weite des Meeres am besten spüren. Empfehlenswert ist ein Rundgang während der Abendstimmung.

Schrebergärten | 34

Rund 50 Jahre alt ist die Schrebergartenkolonie auf dem Oberland. In 75 gepflegten und sehenswerten Gärten mit traumhaftem Ausblick auf das Meer und die Düne wird um die Wette geerntet. Ein Fußweg führt mitten hindurch.

Helgoland im Überblick/ 10 Insel-Highlights

Museum Helgoland | 37
Vielfältige Informationen zur Inselgeschichte und weiterer für die Insel wichtigen Themen zur Natur, Geologie und Kultur hält das Museum bereit. Regelmäßig finden Ausstellungen und Informationsveranstaltungen statt.

Landungsbrücke | 32, 43, 45
Auf dem Unterland führt fast jeder Weg dort vorbei. Hier kann man das bunte Treiben der Börteboote beobachten, zu einer Dünenfahrt oder zu einem Ausflug mit dem Schiff rund um die Insel aufbrechen.

Hummerbuden | 18
In den im skandinavischen Stil erbauten pastellfarbenen Hummerbuden waren ursprünglich Lagerplätze und Werkstätten der Fischer. Inzwischen sind sie nach dem Motto „Kunst, Kultur, Knieper" zu einem kulturellen Zentrum geworden.

Süßwasserteiche | 124
Die beiden Dünenteiche wurden künstlich als Süßwasserreservoir angelegt. Im dichten Ufergebüsch tummeln sich im Frühjahr rastende Singvögel. Im Wasser finden sich sogar gebietsfremde Arten wie Goldfische und Rotwangenschildkröten.

Friedhof der Namenlosen | 42
Auf der Düne finden Unbekannte, die das Meer irgendwann freigegeben hat, inmitten der schönen Landschaft ihre letzte Ruhe – ein Ort der Stille und zum Gedenken.

ZEHN KULINARISCHE LECKERBISSEN

Bruns Bistro | 75
In der Hauptflaniermeile des Unterlands stehen im Sommer draußen Tische und man sitzt mitten im Trubel. Die Karte reicht von Frühstück, Rührei, Kaffee, Eis und Kuchen bis hin zu leckeren Pasta- und Fischgerichten, Suppen und Eintöpfen.

Weddigs Fischerstube | 78
Hier kann man in gemütlicher Atmosphäre sehr gute und frisch zubereitete Speisen genießen, die vom gut gelaunten Wirt persönlich serviert werden. Stammlokal vieler Insulaner. Auch die Crew der Helgoland-Fähre speist hier regelmäßig.

Aquarium Café | 75
„Genießen können ist eine Kunst." Daher sollten sich die Gäste etwas Zeit nehmen, um die frischen mediterranen Gerichte in gemütlicher Umgebung zu verspeisen. Sogar eine Steakkarte mit verschiedenen Beilagen gibt es, aber auch fleischlose Speisen.

Marcy's Bar Bistro | 78
Wer gern mediterrane Kleinigkeiten wie Tapas und kleine Snacks, Cocktails und Kaffeespezialitäten mag, ist hier richtig. Innen kann man zwischen hübschen Deko-Details jede Menge Spiele ausprobieren und am Wochenende von 8 bis 11 Uhr frühstücken.

Rickmers Galerie Restaurant | 78
Zwischen roten Wänden und Fenstern mit Seeblick werden die Gäste in eine moderne kulinarische Welt entführt. Die hochwertigen Speisen werden frisch gekocht und liebevoll dekoriert serviert, alles inmitten einer Bildergalerie.

Bunte Kuh | 78

Wohl das kultigste Lokal der Insel in den Hummerbuden am Binnenhafen. Draußen stehen Biertische und Strandkörbe, drinnen herrschen Enge und gemütliche Stimmung. Stammlokal der Rock'n'Roll-Butterfahrer. Zu Essen gibt es für jeden etwas.

Café Krebs | 74

Die Kuchen sind im wahrsten Sinne des Wortes allererste Sahne und das in die Jahre gekommene Mobiliar liegt schon fast wieder im Trend. Die Kuchen gibt es nachmittags um die Ecke auch außer Haus und den speziellen Helgoländer-Klippenkohl-Tee nur hier.

Mocca-Stuben | 74

Das alteingesessene Lokal auf dem Oberland wartet mit exquisiter internationaler Küche auf. Alles wird frisch und mit den besten Zutaten zubereitet. Besonders die Fisch- und Fleischspeisen machen schon beim Lesen der Karte Appetit auf mehr.

Atlantis | 74

Die hausgemachte Fischsuppe sollte unbedingt probiert werden und ist einer der Bestseller auf der Speisekarte, die feine regionale und internationale Speisen verzeichnet. Für die superleckere Scampi-Pfanne sollte man allerdings etwas Schärfe vertragen können.

Dünenrestaurant | 79

Kleine Gerichte mit atemberaubendem Blick aufs Meer genießen oder spielenden Kindern zuzusehen – das geht hier von April bis Oktober. Empfehlenswert ist der Sanddorn-Punsch. An den legendären Barbeque-Abenden ist es sehr voll.

1 Sehens-wertes

Wenig ist viel auf Helgoland. Man kann kaum mit dem Finger auf etwas zeigen und sagen: „Das ist besonders sehenswert." Denn dieses Prädikat verdienen Helgoland und die zugehörige Insel Düne als Ganzes, und als solches muss man den Komplex auch betrachten. Die nachfolgenden Empfehlungen sind so aufgebaut, dass sich für jeden an der Insel Interessierten ein lohnenswertes Ziel finden lässt.

◁ Münzfernrohr auf dem Oberland

Hummerbuden

**Bunte Holz-
häuschen**

Ursprünglich waren die **bunten Holzhäuschen am Binnenhafen** Geräteschuppen der Fischer, und zum Teil sind sie es immer noch. Doch inzwischen hat sich die im skandinavischen Stil gebaute bunte Häuserzeile entlang der Promenade aus 41 Hütten nach dem Motto „Kunst, Kultur, Knieper" zu einem **kleinen kulturellen Zentrum** entwickelt. Die Hummerbuden mit typischen Giebelprofilen und Holzverschalungen wurden in den 1950er-Jahren vom Hamburger Architekten *Georg Wellhausen* entworfen. Heute sind dort überwiegend Galerien, verschiedene Läden mit Maritimem, Antiquitäten und gastronomischen Kleinigkeiten untergebracht. In der Hummerbude Nr. 38/39 heißt der **Förderverein des Museums Helgoland** Interessierte herzlich willkommen. Das ebenfalls dort befindliche **Standesamt** erfreut sich bei Brautpaaren großer Beliebtheit. In Nr. 35 befindet sich der **Verein Jordsand,** wo es Informationen zur Inselnatur gibt und der naturkundliche Führungen veranstaltet.

helgo2016-003 rh

1

Besonders bei gutem Wetter lässt sich an den Hummerbuden ein farbenfrohes Inseltreiben beobachten. Wer die hübschen Fassaden im Sonnenlicht aufnehmen möchte, sollte morgens unterwegs sein, denn nachmittags liegen sie größtenteils im Schatten.

Seenotrettungskreuzer Hermann Marwede

Größter deutscher Seenotrettungskreuzer

Aufgrund Helgolands geografischer Lage besitzt das Eiland eine **Schlüsselposition** in der stark befahrenen Deutschen Bucht. Am 27. Juni 2003 wurde der **größte deutsche Seenotrettungskreuzer** zu Ehren des langjährigen Förderers der Deutschen Gesellschaft zur Rettung Schiffbrüchiger (DGzRS) und langjährigen

⌄ Unverzichtbar: Helgolands Hummerbuden

1

Gesellschafter der Brauerei Beck & Co. auf den Namen **Hermann Marwede** getauft, und das **Tochterboot Verena** erhielt seinen Namen nach dessen Kind. Der 46 Meter lange Seenotrettungskreuzer wurde bei der Fassmer-Werft in Berne an der Unterweser gebaut. Seit Juli des selben Jahres ist er auf Helgoland stationiert. Ein Seenotrettungskreuzer ist größer als ein Seenotrettungsboot, das maximal 10,10 Meter lang sein darf. Er hat auch entweder ein motorisiertes Arbeits- oder Tochterboot an Bord, statt sich selbstständig aufblasbarer Rettungsinseln, mit denen die Seenotrettungsboote ausgestattet sind.

Nach wie vor ist das Schiff im aktiven Rettungsdienst und kann deshalb nur nach frühzeitiger Voranmeldung bei der Zentrale der DGzRS in Bremen (Tel. 0421/53 707 412) besichtigt werden. Aber ein interessantes Fotomotiv ist es in jedem Fall, sofern die Hermann Marwede im Hafen liegt und die Seenotretter nicht auf See zur Hilfe eilen müssen. Einmal wöchentlich steuert die Hermann Marwede auch Cuxhaven an, um die Besatzung zu wechseln, Wasser, Lebensmittel und Brennstoff zu bunkern und die Ausrüstung zu ergänzen. Während ihrer Abwesenheit vertritt sie jeweils ein anderer Seenotrettungskreuzer auf Helgoland. Die Hermann Marwede ist **rund um die Uhr einsatzbereit.** Jeder, der seine Freizeit oder auch seinen Beruf auf See verbringt, kann sicher sein, dass die Seenotretter im Notfall schnell zur Stelle sind. Darauf können sich auch all die Gäste verlassen, die Helgoland auf dem Seeweg besuchen.

Leuchtturm (Insel)

Auf dem Oberland

Der Helgoländer Leuchtturm ist auf dem rund 50 Meter hohen Oberland gelegen und aus zwei Gründen sehenswert. Zum einen sendet aus **83 Metern Höhe über dem Meeresspiegel** das **stärkste Leuchtfeuer Deutschlands** seine Strahlen mehr als 50 Kilometer weit hinaus in das Revier Elbe-Nordsee. Zum anderen ist der Turm das **älteste Gebäude der Insel** und hat erstaunlicherweise sowohl als Flak-Leitstand den Zweiten Weltkrieg als auch die Bombardements der Royal Air Force und den Big Bang

☐ Seenotrettungskreuzer Hermann Marwede am Morgen

Das Schiffsunglück mit der „Adolph Bermpohl"

Mitte der 1960er-Jahre bekam die Deutsche Gesellschaft zur Rettung Schiffbrüchiger (DGzRS) eine Serie von drei baugleichen Schiffen, die nach den drei Gründervätern der DGzRS benannt waren: die „Georg Breusing" mit Tochterboot „Engelke", die „Arwed Emminghaus" mit Tochterboot „Alte Liebe" und die „Adolph Bermpohl" mit Tochterboot „Vegesack". Die erste Dienststation des letzteren Schiffs war Helgoland.

Am **23. Februar 1967** kam es in einem schweren Orkan zu einem großen Unglück. Der Seenotrettungskreuzer war ausgelaufen, um dem **holländischen Fischkutter „Burgemeester van Kampen"** zu Hilfe zu kommen, der fünf Seemeilen nordöstlich von Helgoland in Seenot geraten war. Der Havarist befand sich bei Ankunft des Kreuzers bereits in einer verzweifelten Lage. Nur noch das Abbergen der drei Fischer kam in Frage, was mit Hilfe des kleinen Tochterboots auch gelang. Wegen des hohen Seegangs konnte es jedoch nicht mehr vom Mutterschiff aufgenommen werden. Die Besatzung meldete über Funk, man wolle gemeinsam hintereinander nach Helgoland zurückfahren, aber im Hafen kamen sie nie an. Am nächsten Morgen wurde die „Adolph Bermpohl" schwer beschädigt mit laufenden Motoren in der Nordsee gefunden, einen Tag später die „Vegesack" – kieloben treibend. Von der Mannschaft fehlte jede Spur. Im Bereich des Sellebrunnriffs müssen die beiden Fahrzeuge in eine **gewaltige Grundsee** geraten sein, die **alle sieben Männer über Bord und in den Seemannstod** rissen. Auch heute noch gedenken die Halunder jedes Jahr am 23. Februar der Gestorbenen.

Der Sturm mit Windgeschwindigkeiten von der Stärke eines Hurrikans und Wellenhöhen bis zu 15 Metern war einer der verlustreichsten, der die Nordsee heimgesucht hatte. Er kostete mindestens weitere 80 Menschen das Leben und ging als **„Bermpohl-Orkan"** in die Annalen der Seefahrt ein.

Die „Adolph Bermpohl" wurde später an einen finnischen Rettungsdienst verkauft und in „Russarö" umgetauft – heute ist sie nicht mehr im Einsatz.

Alle Seenotrettungskreuzer und Tochterboote werden als sogenannte **„Selbstaufrichter"** gebaut. Sie sind so konstruiert, dass der oberhalb des Wassers liegende Schiffsteil einen größeren Auftrieb hat als der unterhalb der Wasserlinie liegende Teil. Daher richten sich die Kreuzer und Boote aus jeder Lage, auch kieloben, wieder von selbst auf.

Sehenswertes

nach dem Krieg überstanden (siehe Kapitel „Geschichte"). Er ist von innen aus Sicherheitsgründen nicht zu besichtigen, weil er sich im aktiven Dienst befindet.

Der viereckige Turm aus Stahlbeton wurde **1941 von der Wehrmacht errichtet** und im Zweiten Weltkrieg stark beschädigt. Da jedoch der alte Leuchtturm total zerstört war, funktionierte man den ehemaligen Flak-Leitstand nach der Befreiung Helgolands 1952 kurzerhand zum provisorischen Leuchtturm um. Später wurde die alte Technik ersetzt und der Leuchtturm konnte seine Aufgabe nach neuestem Standard erfüllen. In der Zeit des Kalten Kriegs wurde der untere Teil des Turms zu einem **Atomschutzbunker** für das Betriebspersonal ausgebaut, dort befinden sich zur Tarnung Scheinfenster. In dieser Zeit ummauerte man den Turm auch mit Klinkersteinen. Die Anlagen für Radar, automatischen Schiffsidentifikation (AIS), Flugfunk sowie See- und Richtfunk wurden später ergänzt. Insgesamt verfügt der Leuchtturm über 14 Etagen und ist mit UKW-Peilermast 49 Meter hoch.

Betrieben wird der Leuchtturm vom Wasser- und Schifffahrtsamt in Tönning. Mit 165.000 Schiffsbewegungen jährlich ist das **Fahrwasser in der Deutschen Bucht eines der am stärksten befahrenen der Welt.** Zur Sicherung des Seeverkehrs befindet sich im Inneren des Leuchtturms eine hochprioritäre verkehrstechnische Außenstelle. Da die technischen Anlagen aufgrund ihrer geografischen Lage weit im Meer eine Sonderstellung einnehmen, werden sie für den Fall eines Feuers zusätzlich durch Löschanlagen geschützt.

Kennung

Die redundant, also doppelt, aufgebaute Lichtanlage des Turms wurde 1964 modernisiert. Drei geschliffene Fresnel-Linsen drehen sich um eine Xenon-Hochdrucklampe und erzeugen dadurch die **individuelle Kennung.** Das Helgoländer Leuchtfeuer ist eindeutig zu identifizieren: In jeder fünften Sekunde schickt die Anlage für 0,1 Sekunden einen strahlend weißen Blitz in den Nachthimmel. Seine Lichtstärke entspricht rund 320.000 gleichzeitig eingeschalteten Glühbirnen. Eine Astrozeitschaltfunktion schaltet automatisch eine Stunde vor Sonnenuntergang die Lampe ein und eine Stunde nach Sonnenaufgang wieder aus. Das Leuchtfeuer Helgolands ist selbst auf den südwestlich gelegenen Ostfriesischen Inseln und an weit entfernen Stellen der nordfriesischen Küste und deren Inseln zu sehen. Bei klarem Wetter kann das Licht, über den Horizont hinaus, in weit entfernten Lufträumen gesehen werden.

1

**Antennen-
träger**

Neben dem Leuchtturm steht ein 115 Meter hoher **Antennenträger** der Deutschen Telekom, er bildet die Nabelschnur der Insel. Aufgrund der Lage Helgolands mitten in der Nordsee befinden sich dort, neben weiteren Komponenten der verkehrstech-
nischen Außenstelle, auch viele Anlagen weiterer Dienste wie
zum Beispiel Flugsicherung, Norddeutscher Rundfunk, Zoll sowie Behörden und Organisationen mit Sicherheitsaufgaben
(BOS). Der Funkturm empfängt auch zahlreiche Meeresdaten
für wissenschaftliche Zwecke und die Daten der Offshore-Windparks zur Weiterleitung an das Festland.

Klippenrandweg

**Spekta-
kuläre
Ausblicke**

Eigentlich sollte man zu Beginn eines jeden Aufenthaltes auf
Helgoland mit einer Wanderung über den etwa drei Kilometer
langen Klippenrandweg beginnen. Dort bekommt man auf ein-
fachem Weg die **spektakulärsten Ausblicke der Insel** geboten.
Weil zahlreiche Aussichtspunkte und Bänke zum Ausruhen und
Beobachten einladen, sollten mindestens 1½ bis zwei Stunden
Zeit dafür eingeplant werden. Zudem säumen **zahlreiche Infor-
mationstafeln und -pyramiden** den Weg. Am besten beginnt
man auf dem Oberland am Aufzug oder der Treppe und wendet
sich nach links. Im Uhrzeigersinn führt der Weg meist dicht am
Klippenrand einmal um das Felsplateau herum. Zahlen auf dem
Boden zeigen an, welche Strecke man bereits zurückgelegt hat.
Es beginnt mit einer leicht ansteigenden Passage Am Falm ent-
lang mit Blick auf das Unterland, den Hafen und die Nebeninsel
Düne. Dann folgt der Aussichtspunkt **Berliner Bär.** Der kleine
Platz ist unübersehbar, weil dort zum einen eine Bärenfigur steht
und zum zweiten angegeben ist, wie weit beispielsweise die
Leuchtfeuer von Hörnum auf Sylt, Amrum, dem Westerhever
Sand und Neuwerk oder die Feuerschiffe Elbe 1 und Weser ent-
fernt sind. Es geht einige Stufen hinauf und dann geht man im
Süden des Oberlands mit Blick auf das Mittelland und den Ha-
fen, später links vorbei am Richtfunkmast und dem Helgoländer
Leuchtturm Richtung Lummenfelsen und Lange Anna.

◁ Der Leuchtturm mit dem stärksten Leuchtfeuer Deutschlands

1

UNSER TIPP: Ein gutes **Fernglas** ist hilfreich. Wer keines dabei hat, kann sich auf der Insel mehrwertsteuerfrei eines kaufen, was durchaus eine Überlegung wert ist, denn eine gute Optik hat ihren Preis. Die Fachgeschäfte haben wegen der vielen naturinteressierten Besucher meist eine große Auswahl.

Schon von weitem ist die Felsnadel der Langen Anna zu sehen. Vorher geht es aber noch vorbei am 61,30 Meter hohen **Pinneberg** mit Gipfelkreuz und Gipfelbuch, in das man sich eintragen kann, wenn es nicht gerade mal wieder entwendet wurde. Am **Lummenfelsen** ist das Geschrei der Vögel ohrenbetäubend, der Geruch gewöhnungsbedürftig. Die Vögel sind an Menschen gewöhnt, ein Drahtzaun trennt die Nester vom Weg. Sie brüten in schwindelerregender Höhe direkt am Klippenrand oder abenteuerlich in den Steilfelsen. Näher als hier kann man den Tieren kaum kommen. An der Nordspitze ist vor einiger Zeit ein Teil des Wegs der Erosion zum Opfer gefallen, so dass die Wegführung verändert werden musste. Weiter geht es auf der Ostseite, die wesentlich geschützter ist. Hier spürt man den Wind nicht

mehr so stark, dafür sind nun Heidschnucken und Rinder zu sehen, die auf den Wiesen grasen. Ein sehr alter Holunderstrauch, der im Herbst und Winter ohne Leben scheint und von einem Holzgerüst vor dem Umfallen gestützt werden muss, zeigt im Frühjahr seine Blüten und zieht erstaunte Blicke auf sich. Von hier aus sieht man in der Tiefe das **Nord-Ost-Land** liegen und in der Ferne die Düne. An der **Vogelwarte Helgoland** vorbei geht es durch die **Schrebergartenkolonie** wieder zurück zum Aufzug und zur Treppe.

UNSER TIPP: In der **Helgoland Touristik** gibt es **Karten mit vier verschiedenen Touren** zur Geschichte, Kultur, Natur und Architektur Helgolands, die hauptsächlich entlang des Klippenrandwegs führen. Eine weitere Route beschreibt Sehenswertes auf der Düne. Nur wenige Stationen liegen im Unterland.

⌃ Der rot gepflasterte Klippenrandweg

1

Lummenfelsen

**Der Lummen-
sprung**

Eine der großen Sehenswürdigkeiten von Helgoland ist der nach den **Trottellummen** benannte Lummenfelsen. Das kleine Naturschutzgebiet mit der Kennung NSG 62 und der **größten Brutvogeldichte Deutschlands** ist nur knapp über einen Hektar groß. Es wurde 1964 eingerichtet. 5000 Paare brüten hier, hauptsächlich Dreizehenmöwen, Trottellummen, Basstölpel, Eissturmvögel und Tordalke (siehe Kapitel „Helgolands Natur").

Lummen sind pinguinähnliche schwarzweiß gefiederte Vögel, die bis zu einer Tiefe von 180 Meter tauchen können. Mit etwas Glück lässt sich im Juni meist während der Abend- und Nachtstunden der **Lummensprung** bestaunen. 2017 wurde ein Rekord aufgestellt: An einem einzigen Tag sprangen 98 kleine Lummen. Gelockt durch die Rufe ihrer Eltern stürzen sich die noch flugunfähigen Küken bis zu 50 Meter in die Tiefe, ein weiches Skelett

Sehenswertes

und Daunenfedern puffern den Sturz ab, sogar wenn die Lummenbabys auf der Mole aufkommen, landen sie in der Regel unverletzt. Die Weibchen bleiben noch etwa zwei Wochen auf dem Brutplatz zurück, während die Küken mit ihren Vätern auf dem Meer leben, bis sie flügge sind. Nur zur Fortpflanzungszeit halten sich Lummen an Land auf. Sie sind standorttreu und kehren jedes Jahr in ihre Nester zurück.

Am besten zu beobachten sind die **Basstölpel,** die erst seit 1991 auf dem Lummenfelsen brüten. Viele der Nester liegen unmittelbar hinter dem Zaun am Klippenrandweg. Sie sind aus Algen und Ästen gebaut, zunehmend wird aber auch Plastikmüll aus dem Meer als Nestbaumaterial verwendet. Für die Tiere endet das nicht selten tödlich, wenn sie sich darin verfangen und dabei selbst erdrosseln. Die Opfer baumeln manchmal noch wochenlang weit sichtbar am Felsen.

☑ Der rote Lummenfelsen voller Vögel

217he mna

„Lange Anna"

**Das Wahr-
zeichen
Helgolands**

Rund 200 Meter weiter nördlich befindet sich die Lange Anna, ein **47 Meter hoher Brandungspfeiler** ganz im Nordwesten. Sie ist das **Wahrzeichen Helgolands,** und das schon seit 1865, denn sie symbolisiert auf eindringliche Art das Stehvermögen der ganzen Insel und der auf ihr befindlichen Menschen. Fast schon eine offizielle Auszeichnung ist die Tatsache, dass die Lange Anna und die sie umgebende Felsengruppe im März 2011 die 1,45-Euro-Briefmarken der Deutschen Post zierte.

Den besten Blick auf die charakteristische Felsnadel hat man entweder bei einer **Inselrundfahrt** vom Wasser oder vom **Klippenrandweg** am Ende des Oberlands aus, denn der Felsen selbst ist nicht zugänglich. Seinen sprechenden Namen erhielt die Lange Anna, die auf Friesisch eigentlich **Nathurn Stak** heißt, vom Volksmund. Es heißt, dass in einem beliebten Ausflugslokal und Café aus der Kaiserzeit auf dem Oberland eine **sehr große weibliche Bedienung** namens Anna arbeitete. Nach ihr wurde der Felsen aus Buntsandstein angeblich schon bald mit Spitznamen benannt.

Die Lange Anna hat eine Grundfläche von nur 180 Quadratmetern und man schätzt das Gewicht auf rund 25.000 Tonnen. Da Buntsandstein sehr witterungsanfällig ist, wird der Felsen mit einer Mauer vor den Kräften der Nordsee geschützt (siehe Kapitel „Helgoländer Geschichte"). Der südliche Teil dieser Küstenschutzmaßnahme wird **Preußenmauer** genannt, er entstand zur Kaiserzeit zwischen 1910 und 1913. Bis in die 1930er-Jahre verlängerte man diesen Wellenbrecher an der Nordspitze Helgolands weit in das Meer hinaus. Bis heute dient er als Schutz des Felsensockels an der gesamten Westseite.

50 Meter weiter östlich der Langen Anna liegt die weniger bekannte und mit dem Oberland verbundene **Kurze Anna,** die sich erst Ende Januar 1976 bildete, als sich ein großer Gesteinsbrocken löste und nach unten fiel. Auf und an den steilen Inselfelsen liegen die einzigen Seevogelkolonien Deutschlands (siehe Kapitel „Helgolands Natur").

▷ Die „Lange Anna" vor der See

Die Tradition der „Helgoländer Dampferbörte"

Damit bezeichnen die Helgoländer das **Ein- und Ausbooten der Fahrgäste aller Schiffe, die nicht an der Landungsbrücke anlegen,** sondern vor dem Hafen ankern müssen. Die „Börteboote" sind eines der **Wahrzeichen Helgolands.** Es handelt sich um hochseetüchtige, meist zehn Meter lange, drei Meter breite und je acht Tonnen schwere offene Boote aus massivem Eichenholz. Der Tiefgang beträgt etwa 1,10 Meter. Nach Aussage eines der Börte-Kapitäne sind sie mit einer drei Zentimeter dicken Beplankung unsinkbar und das sicherste Verkehrsmittel Deutschlands. Die Börteboote werden auch zum Hummer- und Knieperfang, zum Angeln und für Rundfahrten um die Insel eingesetzt.

Doch woher kommt der Begriff „Börteboot"? Schon im 18. Jahrhundert hingen die Einkünfte der Helgoländer Seeleute zum größten Teil vom Lotsendienst auf Elbe, Weser und Eider oder von der Berge- und Hilfeleistung in Seenot geratener oder gestrandeter Schiffe ab. 1714 fiel Helgoland an Dänemark und der Insel wurden hohe Steuern aufgebürdet. An die königliche Kasse

219he mna

musste weiterhin ein Zehntel des Lotsgeldes abgeführt werden. Um eine gerechte Regelung zu finden, wurde die **Lotsenfahrten in Reihenfolge ausgelost.** Dieses Verfahren nannte man **„Börten".** Das Wort wurde wahrscheinlich aus der Flussschifffahrt übernommen, denn „Reihenschifffahrt" nannte man Beurt-(Bört)schifffahrt, es bedeutete also, **„an der Reihe zu sein".** Auf Halunder heißt das *„Ik ben uun'e beert"* (Ich bin jetzt dran). So gelangte es in den Helgoländer Wortschatz und in den alltäglichen Sprachgebrauch. Allmählich wurde der Begriff für alles mögliche verwendet, „wenn man dran war" und etwas erledigen oder einen ausgeben musste. Ab Gründung des Seebads Helgoland 1826 wurde der Begriff dann auch für das Ausbooten übernommen – und dabei ist es geblieben. Die Seelotsen benutzen das Wort „Börte" ebenfalls.

Die ersten Börteboote des heute gebräuchlichen Typs wurden **seit 1952** gebaut und während der Zeit des Wiederaufbaus nach dem Zweiten Weltkrieg für den Transport von Menschen und Material eingesetzt. Börteboote haben einen innenliegenden Dieselmotor mit bis zu 180 PS. Sie erreichen eine Geschwindigkeit von etwa 14 Knoten. Wer einen Eindruck von der Wendigkeit und Geschwindigkeit der Boote bekommen möchte, sollte sich die jährlich am 10. August stattfindende **„Börteboot-Regatta"** auf der Helgoländer Reede nicht entgehen lassen. Auch schon in den Wochen davor sieht man die Mannschaften beim Training.

Die meisten noch im Einsatz befindlichen Boote sind 40 bis 50 Jahre alt. Viele davon wurden in der Werft Hatecke in Freiburg an der Elbe gebaut, die seit 1861 auf den Bau von Holzschiffen spezialisiert ist. Während der Wintermonate werden dort die Ausbesserungsarbeiten an vielen Börtebooten durchgeführt, damit die Schiffe im Sommer, wenn die meisten Gäste kommen, mit Glanz und Schönheit punkten. Alle zehn Jahre wird der alte Lack im Trockenen der Werfthallen abgebrannt und anschließend wieder neu aufgetragen. Zu viele übereinander liegende Lackschichten würden abplatzen. Zu den Arbeiten während der Winterpause gehört auch die Wartung oder Grundüberholung der Motoren, also das Einstellen der Ventile, das Wechseln der Filter, das Prüfen der Keilriemen, Ölwechsel etc.

Doch es steht zu befürchten, dass die Börteboote **keine große Zukunft mehr** haben. Zu groß ist der Wunsch der Gäste nach einer komfortablen und unterbrechungsfreien An- und Abreise. Gerade der steigende Altersdurchschnitt der Gäste verlangt ein Umdenken. Deshalb sollen möglichst viele Schiffe direkt im Hafen anlegen können – dann würden die traditionelle Helgoländer Börte aber nicht mehr für das Ein- und Ausbooten gebraucht. Wie überall gibt es Befürworter und Gegner, Vor- und Nachteile.

Dem „Verein zum Erhalt der Helgoländer Börteboote e. V." liegt es am Herzen, den Einsatz der traditionellen Eichenholzboote zu bewahren. Deshalb hat er 2017 hat den offiziellen Antrag gestellt, die Helgoländer Dampferbörte in die **Liste des immateriellen Kulturerbes der UNESCO** aufzunehmen. Den Antrag brachte man am 5. April 2017 dafür sogar per Börteboot von Helgoland bis nach Kiel. Zunächst liegt die Entscheidung bei der Schleswig-Holsteinischen Landesregierung. Ist die Wahl auf die Helgoländer Dampferbörte gefallen, wird unter den Vorschlägen aller bundesdeutscher Länder entschieden, welcher Vorschlag für die Bundesrepublik Deutschland ins weltweite Rennen um den begehrten Titel „UNESCO Weltkulturerbe" geht. Mehr Informationen über die Arbeit des Vereins sind im Internet unter **www.vzehb.de** zu finden.

◁ Ein voll besetztes Börteboot legt an

Schrebergärten

Gartenkolonie mit dem schönsten Ausblick

Der „Kleingartenverein Helgoland e. V." ist wohl die **Gartenkolonie mit dem schönsten Ausblick** Deutschlands: auf das weite Meer und die Nachbarinsel Düne hinaus. Die malerische Anlage liegt auf dem Helgoländer Oberland. Kommt man aus dem Aufzug oder über die danebenliegende Treppe, geht es Am Norderfalm rechts entlang des Klippenrandwegs und nach wenigen Minuten schon steht man inmitten der gärtnerischen Idylle. Rund 80 Parzellen gibt es, allerdings sind diese viel kleiner als üblicherweise auf dem Festland. Auf je 60 bis 150 Quadratmetern wird hier angebaut, was schmeckt und schön aussieht. Aber nur dann, wenn der Garten so angelegt ist, dass er vor den heftigen Stürmen geschützt ist. In den milden Wintern und kühlen Sommern, die die **einzigartige Lage als Hochseeinsel** mit sich bringt, wachsen klassische Gemüsesorten, Obst, Kräuter und Blumen – nur große Bäume nicht. Jeder Quadratzentimeter wird genutzt. Etwa eineinhalb Meter dick ist die Erdschicht, dann kommt der Fels.

Ackerbau und Viehzucht spielten auf Helgoland schon im 17. Jahrhundert eine Rolle. Während die Männer als Fischer und Lotsen auf den Weltmeeren unterwegs waren, kümmerten sich die Frauen um die Äcker und leisteten damit einen wichtigen Beitrag zur Ernährung der Familie. Im Zweiten Weltkrieg und in der Zeit der Besatzung wurde das Ackerland Helgolands völlig verwüstet. Beim **Big Bang 1947** flog ein Teil der ehemaligen Südspitze in die Luft – und damit auch die dort befindlichen Gärten. Nach der Freigabe der Insel 1952 musste das Ackerland mühselig von Bombensplittern und Kriegsschutt befreit werden. Erst zwei Jahre später wurden die ersten Äcker abgesteckt. Weil das Festland weit und Waren durch die Transportkosten teuer waren, versorgen sich die Helgoländer Gärtner bis heute dank des fruchtbaren Bodens auch mit frischem, selbst angebauten Obst und Gemüse. Auf vielen Parzellen stehen neben niedrigen Hütten Gewächshäuser und Wintergärten. Hier gedeihen zum Beispiel Tomaten, Weintrauben und Gurken, während in den Beeten Kohlsorten, Wurzelgemüse, Salate und Rüben wachsen. Für seinen Garten verwendet der Helgoländer selten das friesische Wort „Gooar", sondern er spricht stattdessen ganz traditionsbewusst von seinem „Akker". Dort hat er alles, was er braucht: Grün, Sonnenlicht und die frische Meeresbrise.

1

220he nf

Institut für Vogelforschung

Die zweitälteste Vogelwarte der Welt

Der Ornithologe und Maler *Heinrich Gätke* (1814–1897) lebte ab 1841 auf Helgoland. Seine Beobachtungen über die große Bedeutung der Insel für den Vogelzug veröffentlichte er 1891 in seinem Buch „Die Vogelwarte Helgoland". Sechs Jahre danach verstarb er. Fast 20 Jahre später, am 1. April 1910, wurde das heutige Institut für Vogelforschung „Vogelwarte Helgoland" gegründet. Es ist die **zweitälteste Vogelwarte der Welt** und auf dem östlichen Oberland in einer windgeschützten Senke beheimatet, der sogenannten Sapskuhle. Sehenswert ist besonders der **Fanggarten** mit seiner Mischung aus Bäumen, Büschen und Teichen, die Vögel zur Rast einladen (siehe auch Exkurs „Die Vogelberingung auf Helgoland").

⌃ Blumenpracht im Garten auf der Klippe

Der erste Leiter des Instituts *Hugo Weigold* (1886–1973) entwickelte speziell für die Vogelzugforschung in den 1920er-Jahren die **Helgoländer Trichterreusen,** mit denen sich Vögel unverletzt fangen und wissenschaftlich untersuchen lassen.

434 Vogelarten sind auf Helgoland nachgewiesen worden, so viele, wie an keinem anderen Ort in Mitteleuropa; rund 40 davon brüten regelmäßig auf der Insel. Das Institut für Vogelforschung (IfV) ist eine außeruniversitäre Forschungseinrichtung des Niedersächsischen Ministeriums für Wissenschaft und Kultur und hat seinen Hauptsitz in Wilhelmshaven. Dort ist auch die Beringungszentrale für die nordwestdeutschen Bundesländer Niedersachsen, Bremen, Hamburg, Schleswig-Holstein, Nordrhein-Westfalen und Hessen angesiedelt. Auf Helgoland wurden **seit 1910 annähernd eine Million Zugvögel beringt.** Diese Arbeit erledigen zwei festangestellte Mitarbeiter zusammen mit bis zu 15 Gastwissenschaftlern und Freiwilligen. Zu den Zugzeiten finden täglich sieben, im Sommer und Winter zwei mal täglich Fangtriebe statt. Dabei werden die im Fanggarten rastenden Vögel in die Trichterreusen gescheucht, sodass sie an deren Ende in einem Fangkasten landen. Sie werden dort behutsam entnommen, beringt, vermessen, gewogen und wieder freigelassen. Die Vogelwarte Helgoland veranstaltet vom 15. März bis 31. Oktober informative Führungen durch den Fanggarten.

221he nf

■ **Standort:** Institut für Vogelforschung „Vogelwarte Helgoland", In der Sapskuhle 511, 27498 Helgoland, Tel. 04725/640 20, www.ifv-helgoland.de

■ **Öffentliche Führungen:** Jeweils dienstags und freitags um 16:30 Uhr, die kostenfreien Führungen beginnen pünktlich am Eingang zur Inselstation. Eine Anmeldung ist nicht erforderlich. Freiwillige Spenden an das IfV werden gern entgegengenommen. Gruppen ab acht Personen können nicht an den öffentlichen Führungen teilnehmen, sondern müssen gesonderte Termine vereinbaren.

■ **Hinweis:** Der Fanggarten ist nicht barrierefrei.

Museum Helgoland

Naturkundliches und Wissenswertes

Bereits am 20. August 1899 wurde auf Helgoland im alten Konversationshaus das Helgoländer Nordseemuseum eröffnet. Es beherbergte unter anderem die **Vogelsammlung** des Ornithologen und Kunstmalers *Heinrich Gätke* (1814–1897), die **Algensammlung** der Königlichen Biologischen Anstalt sowie Ausstellungsstücke zu weiteren naturwissenschaftlichen Themen. Bomben zerstörten es am 18. Oktober 1944 vollständig. Erst 1996 wurde das heutige Museum Helgoland als Teil der Stiftung Nordseemuseum Helgoland neu gegründet.

Es zeigt heute in erster Linie in festen und wechselnden Ausstellungen **Naturkundliches und Wissenswertes über Geschichte und Kultur der Insel.** Das Museum Helgoland ist in der Nordseehalle untergebracht und wird auf dem Außengelände durch den sogenannten **Hummerbudenhof** ergänzt. Die bunten Hütten dienen als Ausstellungsräume und sind verschiedenen Themen wie etwa dem Helgoländer Postwesen gewidmet. Weitere zeigen Leben und Werk des **Kinderbuchautoren James Krüss** (1926–1997) und des **Inselfotografen Franz Schensky** (1871–1957). Vor dem Eingang zum Museum steht die Replik einer alten **Steinkiste** aus der Bronzezeit, die 1893 bei archäologischen Grabungen auf Helgoland entdeckt worden und bis 2008 in Berlin verschollen war.

◁ Ein Zaunkönig wird beringt

Zum Museum gehören auch zwei **Hummerbuden** (Nr. 38 und 39) am Binnenhafen, in der jährlich rund 100 Trauungen stattfinden. Als Urlaubsziel hat sich das Museum längst etabliert, es wurde 2016 mit dem Gütesiegel „Zertifiziertes Museum" ausgezeichnet. Derzeit wird ein Erweiterungsbau geplant, um in modernen Ausstellungsformen Helgolands Geschichte, Geologie und Kultur den rund 10.000 Besuchern jährlich noch besser vermitteln zu können.

◾ **Standort:** Nordseehalle, Kurpromenade 8, 27498 Helgoland, Tel. 04725/12 92, www.museum-helgoland.de
◾ **Öffnungszeiten:** Die Öffnungszeiten variieren nach Saison und werden auf der Homepage bekannt gegeben. In der Regel ist das Museum ab 14.30 Uhr geschlossen. Preise Erw. 4 €/Kinder 2 €.
◾ **Hinweis:** Nicht alle Museumsbereiche sind barrierefrei.

245he mna

1

Bunkeranlagen

18 Meter tiefes Tunnelsystem

Für die begehrten Führungen durch die historischen Bunkeranlagen muss man sich bei der Helgoland Touristik rechtzeitig anmelden, denn der Andrang ist groß. 16.000 Menschen ließen sie sich 2016 die Tunnel unter dem Oberland zeigen. Helgoland wurde im Zweiten Weltkrieg zur **Seefestung** ausgebaut. Neben älteren militärischen Bunkeranlagen – die erste wurde 1908 angelegt – entstand während des Zweiten Weltkriegs auch ein ziviler **Luftschutzbunker,** in dem sich mehrere Tausend Menschen vor gegnerischen Angriffen in Sicherheit bringen konnten. Als am 18. April 1945 britische Bomber die Bebauung auf Helgoland mit einem Vernichtungsschlag komplett zerstörten, überlebten dies mehr als 2000 Menschen nahezu unbeschadet in dem **18 Meter tiefen Tunnelsystem.** Mit rund **350 Metern Länge** ist heute nur noch ein Teil zugänglich.

Die **Führungen** beginnen auf dem Oberland und führen über die Kirchstraße zum neben dem Kindergarten gelegenen Eingang des Schulbunkers. Über zwei gegenläufige breite Treppenanlagen geht es jeweils 92 Stufen hinab in die Unterwelt. Während der etwa zweistündigen Tour erfährt man Wissenswertes über die frühgeschichtliche Entstehung der Insel, Veränderungen an Düne und Hauptinsel, die Militärgeschichte zur Kaiserzeit und während des Nationalsozialismus sowie über den Big Bang, die bis dahin größte nichtnukleare Detonation der Weltgeschichte (siehe Kapitel „Helgoländer Geschichte"). Über den Fuchsbau und den nur 1,30 Meter breiten **Weddigenstollen** kommt man am Ende wieder in der von-Aschenstraße ans Tageslicht.

⊏ Museumshof mit kleinem Leuchtturm

1

Die Lampenflora
im Bunker auf Helgoland

Der Bunker weist eine weltweit einzigartige biologische Besonderheit auf, die sich erst auf den zweiten Blick als bemerkenswert erweist: Seine Wände zeigen einen grünen Bewuchs aus Algen und Cyanobakterien, der hier nur dank der von der Jahreszeit unabhängigen konstanten Temperatur von 15 °C existieren kann. Die Lampenflora gewinnt ihre Energie aus Licht (phototrop) und hat sich perfekt an die unwirtlichen und extremen Bedingungen angepasst. Im Bunker herrschen Nährstoffmangel, hoher Konkurrenzkampf und geringe, sehr unterschiedliche Lichtmengen vor. Teilweise kommt die Lampenflora mit 99 Prozent weniger Lichtstärke aus als andere Pflanzen. Die Algen sind erstaunlicherweise sogar noch nach einer Dunkelphase von acht Monaten wachstumsfähig. Mehr als 15 verschiedene Arten sind hier beheimatet, darunter auch solche, die bisher nur in der Antarktis oder im malaysischen Regenwald gefunden worden waren. Aber keine Angst: Die Lampenflora ist, anders als Schimmelpilze, für den Menschen unbedenklich.

1

■ **Anmeldung:** Für die Bunkerführungen muss man sich bei der Helgoland Touristik anmelden, Lung Wai 28, 27498 Helgoland, Tel. 04725/803-13, www.helgo land.de, Preise Erw. 8 €/Kinder 6 €

■ **Termine:** Mi, Fr, Sa um 16:30 Uhr, während der Hauptferienzeit täglich, aktuelle Termine sind unter www.museum-helgoland.de auf der Website des Museums Helgoland zu finden; Mindestteilnehmerzahl 6 Personen; Sonderführungen für Gruppen nach Absprache.

■ **Hinweis:** Die Besichtigung der Bunkeranlagen ist nicht barrierefrei.

⌃ Bunkerwand mit grünen Algen

Friedhof der Namenlosen

**Ort der
Stille**

Er wurde vermutlich im 19. Jahrhundert auf der Nebeninsel Düne für all die **unbekannten Toten** angelegt, die im Lauf der Zeit auf Helgoland angespült wurden. Weil der Friedhof der Namenlosen an seinem ursprünglichen Standort durch Wanderung der Dünen regelmäßig überdeckt wurde, verlegte man ihn mehrfach, bis er schließlich seinen heutigen Standort fand. Die Stelle südöstlich des Bungalow-Dorfs liegt durch umliegende Gehölze relativ geschützt.

Zu sehen sind dort neben einfachen Holzkreuzen auch Denkmäler und Grabsteine für die Toten des Seegefechts vor Helgoland von 1864. Gedacht wird hier auch der Besatzungen der 1912 und 1913 untergegangen Boote der Kaiserlichen Marine und des vor Helgoland abgestürzten Marineluftschiffs LZ 14/L 1 am 9. September 1913. Auch sind dort verschiedene Gedenksteine für die Besatzung des Seenotrettungskreuzers Adolph Bermpohl (siehe Exkurs „Das Schiffsunglück mit der 'Adolph Bermpohl'"), weitere auf See gebliebene Rettungsmänner der Deutschen Gesellschaft zur Rettung Schiffbrüchiger (DGzRS) und drei Meeresforscher zu finden. Hinzu kommt eine Stele, die an

224he mna

verstorbene Mitglieder des Vereins „Rock'n'Roll Butterfahrt" erinnert, damit diese für alle Ewigkeit weiterhin auf der Düne an diesem jährlich dort stattfindenden Musikfestival teilnehmen können. Zum Gedenken an den Tag der Freigabe Helgolands am 1. März 1952 schenkte die Glockengießerei J. F. Weule aus Bockenem im Harz Helgoland eine **Glocke,** die 2004 restauriert wurde und nun in einem stählernen Glockenturm unter der Patenschaft der SAR-Hubschrauberstaffel Helgoland auf dem Friedhofsgelände der Düne steht. Ihre Inschrift lautet:

Das Meer mag wütend wallen,
mag auch der Fels hinfallen,
die Gnade Gottes wanket nicht,
das bleibet meine Zuversicht.

Der Friedhof der Namenlosen ist ein Ort der Stille und wird liebevoll gepflegt. Wer ihn besucht, sollte sich ein wenig Zeit zum Verweilen nehmen.

Im Boot rund um die Insel

Gegen den Uhrzeigersinn um die Insel

Je nach Wetterlage und Schiffsführer geht die Tour um die Felseninsel **meist gegen den Uhrzeigersinn.** Die Preise variieren je nach Anbieter und liegen in der Regel zwischen 20 und 15 Euro. Gestartet wird je nach Anbieter von der Landungsbrücke oder dem Nordosthafen aus. Wetterfeste Kleidung und Kopfbedeckungen wie Mütze oder Sonnenschutz können sinnvoll sein. Beim **Ablegen an der Landungsbrücke** sieht man bei der Ausfahrt das ehemalige Hotel Atoll, in dem nun langfristig Mitarbeiter der Windkraftbetreiber untergebracht sind. Anschließend geht es vorbei an der Kurpromenade und am Nordosthafen, in dem vorwiegend Sportschiffe liegen. Weiter führt die Fahrt entlang der Kaimauer des Nordostlands, wo das Meerwasserschwimmbad Mare Frisicum und das Kurmittelhaus liegen. Am Ende der Spundwand kommt Helgolands Jugendherberge Haus der Jugend in Sicht, die im Juni 1957 eröffnet wurde und direkt am Nordstrand und dem Helgoländer Felswatt (siehe „Helgo-

◁ Grabsteine auf dem Friedhof der Namenlosen

1

lands Natur") liegt. Kurz darauf kommt der Treppenaufgang Jägerstieg hinauf zum Oberland in den Blick. Am nördlichsten Punkt der Bootsfahrt **kann es ordentlich schaukeln und auch spritzen.** Von hier aus belohnt die Aussicht auf das Helgoländer Felsplateau aus Buntsandstein. Im Vordergrund liegt die 47 Meter hohe Felsnadel Lange Anna. Davor ragen einzelne Betonelemente der Schutzmauer als stille Zeitzeugen der Geschichte aus dem Wasser. Weiter geht die Fahrt entlang der Westseite der Insel, wo sich der Blick auf den Lummenfelsen offenbart. Weiter südwärts kommen auf dem Oberland der Leuchtturm und der große Antennenträger in Sicht. Gut zu erkennen ist der Übergang des Oberlands in das wellige Mittelland, das erst durch Sprengungen nach dem Zweiten Weltkrieg entstand (siehe „Helgolands Geschichte"). Die Bereiche am sogenannten Kringel sind mit einem betonierten Ufer und vielen Tetrapoden vor der rauhen Nordsee geschützt. Die Fahrt geht weiter zum künstlich aufgeschütteten Hafengebiet, in dem es noch Molen aus der Kaiserzeit gibt. An den Schutzmauern des Vorhafens entlang fährt man zur Landungsbrücke zurück. Vom Wasser aus bietet sich ein letzter seeseitiger Blick auf Helgolands Südstrand und die Hotelbauten der 1950er-Jahre.

225he mna

Die Düne

Sehenswertes

Eigener Lebensraum

Der Lebensraum auf der Düne **unterscheidet sich komplett von dem auf der Hauptinsel.** Das ist besonders an Flora und Fauna zu sehen. Es gibt jede Menge Pflanzen, deren Namen mit „Strand" beginnt: Strandquecke, Strandhafer, Strandroggen, Stranddistel und Strandplatterbse, um nur ein paar zu nennen. Nicht nur sie lohnen eine Erkundung. Am Nordstrand kann man mit etwas Glück Fossilien und Bernstein finden.

Besondere Attraktion sind die unter Artenschutz stehenden **Kegelrobben und Seehunde,** denen man hier so nah wie mancherorts nicht mal im Zoo kommen kann. Auch wenn sie niedlich aussehen, so sind es doch wilde Raubtiere, deren Biss so kräftig ist wie der eines Bären. **Genügend Abstand** sollte man deshalb zur eigenen Sicherheit halten und somit auch auf das Ruhebedürfnis der Tiere eingehen.

Die Helgoland Touristik hat einen **Naturlehrpfad** für die Düne ausgearbeitet, das Symbol eines Austernfischers weist den Weg. Ein Faltblatt führt Naturliebhaber über 14 Stationen mit Informationstafeln auf befestigten und unbefestigten Wegen einmal über und rund um die Düne oder abhängig von der Route auch über das Innere. Mitten auf der Sandinsel steht **„Jonnys Hills",** eine nach dem früheren Düneninspektor *John Krüß* (1938–2003) benannte, künstlich aufgeschüttete Anhöhe, die einen perfekten Ausblick auf die gesamte Düne offenbart. Weil das Betreten der Weiß- und Graudünen nicht gestattet ist, kann man sie zumindest von dort aus der Höhe betrachten. Man sieht die beiden künstlich – als früheres Wasserreservoir – angelegten Dünenteiche, das neue Bungalowdorf, den Flugplatz, die Dünengebiete und den Strand. **Naturkundliche Führungen** bietet der Verein Jordsand e. V. an, der in den Hummerbuden Nr. 34 und 35 am Binnenhafen ein Informationszentrum unterhält. Dort liegen Terminpläne für Touren aus, zu denen man sich anmelden kann.

Zu Helgolands Nachbarinsel kommt man mit der **Dünenfähre Witte Kliff.** Die Abfahrt geht wetterabhängig von der Landungsbrücke oder vom Nordosthafen aus. Preise und der aktuelle Fahrplan werden per Aushang bekannt gegeben.

☐ Inseltour – rote Felseninsel mit Langer Anna

1

2 Insel-Info A–Z

Gibt es hier Toiletten? Haben Sie noch Karten für die Bunkerführung? Das sind die beiden Fragen, die der Helgoland Touristik am häufigsten gestellt werden. Das vorliegende Kapitel beantwortet auch alle anderen Fragen rund um die Reiseplanung.

◁ Der Nordosthafen

Adressen

- **PLZ:** 27498
- **Vorwahl:** 04725
- **Kurverwaltung Nordseeheilbad Helgoland:** Lung Wai 28 (Rathaus), Tel. 206799, info@kurverwaltung-helgoland.de, www.helgoland.de
- **Helgoland Touristik:** Lung Wai 28, Tel. 04725/8137-0, zimmervermittlung @kurverwaltung-helgoland.de. Hier werden Urlaubsquartiere aller Art vom Hotel bis zum Privatzimmer vermittelt, Hin- und Rückreisen per Seebäderschiff, Katamaran oder Flugzeug organisiert, Mehrfachkarten für die Dünenfähre verkauft, über aktuelle Veranstaltungen und Führungen informiert, Tickets für die Bunkerführung und Helgoland-Mitbringsel verkauft.
- **Fundbüro:** Rathaus, Lung Wai 28, Tel. 04725/80841, geöffnet Mo–Fr 9–12 Uhr
- **DGzRS – Deutsche Gesellschaft zur Rettung Schiffbrüchiger:** Tel. 04725/210, Seenotleitung Bremen Maritime Rescue Coordination Centre, Tel. 0421/53687-0
- **DRK – Deutsches Rotes Kreuz:** Erste-Hilfe-Station auf der Landungsbrücke, Tel. 04725/7656. Betreuung von Seekranken und Ausgabe entsprechender Tabletten, Verleih von Rollstühlen, Gehhilfen und Kinderbuggys in der Zeit vom 1.5. bis 30.9. von 11 bis 17 Uhr.

■ **Notruf Polizei:** 110
■ **Notruf Feuerwehr/Rettung:** 112
■ **Notruf Krankenhaus** (Paracelsus-Klinik): 04725/8030
■ **Notruf Ärztlicher Bereitschaftsdienst:** 116 117 (bundeseinheitliche Rufnummer)

Anreise

Reedereien

Auf der Website www.helgoland.de gibt es einen **Anreiseplaner** für die Planung der besten Verbindung. Aktuelle Fahr- und Flugplaninformationen sind auf den Websites der jeweiligen Anbieter zu finden. Die **Fahrzeit** beträgt abhängig vom Abfahrtshafen und Schiff zwischen 75 Minuten und knapp drei Stunden. Gerade während der Saison, in den Ferienzeiten und am Wochenende ist es sinnvoll, sich seine Fährtickets rechtzeitig zu buchen, denn dann kann es schnell zu Engpässen kommen.

⌄ Seereise nach Helgoland

239he mna

■ **Reederei Cassen Eils:** Tel. 04721/667600, www.cassen-eils.de. Ganzjährige Linienverbindung nach Helgoland ab **Cuxhaven,** Abfahrt: Cuxhaven Fährhafen Seebäderbrücke (Achtung: nicht mehr an der Alten Liebe), 27472 Cuxhaven. Tagesfahrten/Saisonkarte (Hin- und Rückfahrt): Erwachsene 44 €/52 €, Kind (4–14 J.) 24 €/26 €, Familie 119 €/135 €, Hund 20 €. Ein Stück **Handgepäck** pro Person bis 10 kg ist frei und kann mit an Bord genommen werden. Koffer und Reisetaschen bis 20 kg müssen aufgegeben werden, die Kosten von Pier zu Pier betragen für Hin- und Rückfahrt 5 €. Wer sich das Gepäck in die Unterkunft transportieren lassen möchte, zahlt für diese empfehlenswerte Bequemlichkeit 15 € pro Stück, besonders wenn man auf dem Oberland wohnt. Wer mit dem **Auto** zum Anleger kommt, kann für 5 € pro Tag auf dem Großraumparkplatz am Anleger parken und gibt seinen Schlüssel dem Parkwächter. Auch im benachbarten Parkhaus wird dieser Service angeboten. Im Falle eines Hochwassers parkt der „Flutservice" die Autos hoffentlich rechtzeitig auf sicheres Gelände um. Das klappt aber nicht immer und im Falle eines Falles muss der Autofahrer schlimmstenfalls den entstandenen Schaden selbst tragen. Man sollte vor der Reise klären, ob in der Teilkasko solche Elementarschäden enthalten sind. Besonders in den Herbst- und Wintermonaten, wenn es häufiger zu Sturmfluten kommt, ist es daher besser, eine Parkmöglichkeit hinter dem Deich zu wählen. In Cuxhaven dürfte dann der Garagenservice am Bahnhof mit Shuttle-Bus zum Anleger die bessere Wahl sein. Im Sommer (Mai–Sept.) bietet Cassen Eils auch Verbindungen ab **Bremerhaven, Büsum** und an ausgewählten Terminen ab **Hooksiel** an. Tagesfahrten/Saisonkarte (Hin- und Rückfahrt): Erwachsene 39,90 €/49 €, Kind (4–14 J.) 22 €/25 €, Familie 99,90 €/129 €, Hund 18 €. Sein **Gepäck** nimmt jeder selbst an Bord. In Bremerhaven kann man das **Auto** in der Tiefgarage des Klimahauses für 7 € pro Tag parken. In Büsum steht ein Großraumparkplatz für 5 € Tagespreis zur Verfügung, in Hooksiel ist kostenloses Parken direkt am Schiff möglich (Angaben und Preise Stand Ende 2017).

■ **Helgoline:** Förde Reederei Seetouristik (FRS), Tel. 0461/86444, www.helgoline.de. Der Katamaran Halunder Jet verkehrt vom 1. April bis 15. Oktober täglich ab **Hamburg** (Abfahrt: Bei den St. Pauli Landungsbrücken, 20359 Hamburg), über Wedel (Achtung: nicht dienstags und donnerstags; Abfahrt: Parnaßstraße, 22880 Wedel) und Cuxhaven (Abfahrt: Bei der alten Liebe, 27472 Cuxhaven). Die Preise variieren nach Saison. Tagesfahrten/Saisonkarte (Hin- und Rückfahrt) ab Hamburg/Wedel: Erwachsene 71,20–90,20 €/88,10–111,60 €, 35,60–45,10, Kind (4–14 J.) €/44,10–55,80 €, Familie 172,80–218,80 €/213,70–270,70 €, Hund 35,60 €. Günstiger ist es ab **Cuxhaven:** Erwachsene 57,80–73,80 €/72,20–91,50 €, Kind (4–14 J.) 28,90–36,70 €/36,10–45,80 €, Familie 140,20–177,90 €/175,10–222 €, Hund 28,90 €. Ein Stück **Handgepäck** pro Person bis 8 kg ist frei und kann mit an Bord genommen werden. Koffer und Reisetaschen bis 20 kg müssen aufgegeben werden. Bei der Saisonkarte ist ein Gepäckstück frei, für weitere werden pro Stück von Pier zu Pier 16 € berechnet, für 4 € Aufpreis wird in die Unterkunft geliefert. Bitte beachten: Es können keine elektrischen Rollstühle transportiert werden, sondern ausschließlich Klapp-Rollstühle (Voranmeldung), und an Bord gilt für Hunde Maulkorb- und Leinenpflicht. In Hamburg und Cuxhaven stehen kostenpflichtige **Parkplätze** zur Verfügung (Preise ab 5 €/Tag in Cuxhaven, ab 11 €/Tag in Hamburg), in Wedel gibt es einen kostenfreien Parkplatz ca. 600 Meter vom Anleger entfernt oder direkt am Anleger (4 €/Tag).

■ **Reederei H.G. Rahder:** Tel. 04834/3612, www.rahder.de. Vom 1.4. bis 5.11. täglich ab Büsum (Abfahrt: Fischerkai, 25761 Büsum). Tagesfahrten/Saisonkarte (Hin- und Rückfahrt): Erwachsene 38,90 €/48 €, Kind (4–15 J.) 22 €/24 €, Familie 97,90 €/125 €, Hund 14 €.

■ **Reederei Adler-Schiffe:** Tel. 04651/9870, www.adler-schiffe.de. Von Mitte April bis Ende Oktober verkehrt ein **Ausflugsschiff** jeden Montag ab Insel Nordstrand (Parken: Hörnstraße 1, 25845 Nordstrand) über Amrum (Wittdün) und Sylt (Hörnum) nach Helgoland und drei Stunden nach Ankunft wieder zurück. Kosten für Tagesausflug/einfache Fahrt: Erwachsene 60,50 €/40,50 €, Kind (6–14 J.) 35,90 €/24,50 €, Hund 3,50 €.

Ab April fährt der **Katamaran** der Adler-Schiffe für Tagesausflüge montags bis freitags um 9 Uhr ab Föhr (Wyk), um 9:40 ab Amrum (Wittdün) und um 10:45 Uhr ab Sylt (Hörnum). Die Schiffe sind um 12:30 Uhr in Helgoland und um 15:30 Uhr geht es wieder zurück. Es gibt das Hauptdeck (mehr Plätze, aber nicht so eine gute Aussicht), dort bezahlt ein Ew. 62,50 €, Kinder 37,90 €, eine Familienkarte für 2 Ew. und max. 3 Kinder kostet 159 €. Auf dem Oberdeck kostet das etwas mehr (67,50 €/39,90/175 €). Die Fahrten sind nicht barrierefrei und es sind keine Hunde erlaubt.

Fluglinien

■ **Frisia-Luftverkehr (LFH):** Tel. 04464/94810, www.inselflieger.de. Tagesflug von Harle (Flugplatz Harle, 26409 Wittmund) nach Helgoland: Erwachsene 139 €, Kind 94 €, Tier 11–22 €. Charterflüge nach Absprache.

■ **Ostfriesischer Flug-Dienst (OFD):** Tel. 04921/89920, www.fliegofd.de. Ab Cuxhaven-Nordholz (Walter-Carstens-Str. 1, 27637 Wurster Nordseeküste) Hin- und Rückfahrt für einen Erwachsenen 208 €, Kinder (bis 11 J.) 104 €, ab Heide-Büsum (Am Flugplatz 7, 25761 Oesterdeichstrich) Erwachsener 200 € bzw. Kind 100 €. Bis 10 Kilo Gepäck kostenfrei, darüber hinaus 1 € pro Kilo. Kombiticket ab Cuxhaven – eine Strecke Schiff, eine Strecke Flugzeug – Erwachsene 111 €, Kinder (altersabhängig) ca. 62 €. Charterflüge von verschiedenen norddeutschen Flughäfen aus auf Anfrage.

MS Helgoland, Katamaran oder Seebäderschiff?

Auch die Reedereien gehen mit der Zeit und erneuern regelmäßig ihre Schiffe. Seit 2015 verkehrt die **MS Helgoland** der Reederei Cassen Eils mit einer Kapazität von über 1000 Passagieren im Linienverkehr zwischen Cuxhaven und Helgoland. Es fährt umweltfreundlich mit Flüssiggas LNG, die erste Fahrt fand am 16. Dezember 2015 statt. 30 Millionen Euro wurden investiert und nun können auch Rollstuhlfahrer nach Helgoland kommen,

denn das Schiff ist mit Aufzügen ausgestattet. Die MS Helgoland legt direkt im Südhafen an und man benötigt kein Börteboot mehr, um an Land zu kommen.

Die Reederei FRS Helgoline hat einen speziell für den Tourismus zwischen Hamburg und Helgoland konzipierten **Katamaran** entwickelt, der sich derzeit in Bau befindet und ab der Saison 2018 fahren soll. Knapp 700 Passagiere finden auf dem bis zu 35 Knoten (rund 65 km/h) schnellen Schiff Platz.

Noch fahren die **älteren Seebäderschiffe** der Reederei Cassen Eils **MS Fair Lady** und **MS Funny Girl** sowie die **MS Lady von Büsum** der Reederei Rahder Helgoland an. Und im Sommer schaut auch einmal pro Woche die **MS Adler-Express** der Reederei Adler-Schiffe auf dem Roten Felsen vorbei. Die Passagiere werden in der Regel bei diesen Schiffen noch mit den **traditionellen Börtebooten** an Land gebracht. Romantiker schätzen das Ausbooten zwar sehr, aber für in der Mobilität eingeschränkte Personen sind das erschwerte Bedingungen. Es dürfte eine Frage der Zeit sein, wie sich Tradition und Moderne in diesem Fall für die Zukunft miteinander kombinieren lassen.

Überfahrt und Möwen

Auf allen Schiffen ersuchen die Reedereien ihre Passagiere, **vom Füttern der Vögel abzusehen,** die stets um die Schiffe fliegen.

Und wenn man selbst essen möchte, ist die Mahlzeit schnell weg: Besonders die **Möwen** habe keine Scheu, einem das Fischbrötchen oder sonstiges Essen mit einem akrobatischen Flugmanöver zu entwenden. Hinzu kommt die Gefahr, von Vogelkot erwischt zu werden – und das ist gar nicht so selten der Fall. Jeder ist selbst verantwortlich und sollte sich entsprechend verhalten.

Die meisten Möwen sind Allesfresser und werden immer frecher. Je nach Gelegenheit fressen sie lebende Nahrung, Abfälle oder Aas. Durch die Gewöhnung an menschliches Essen wie Fischbrötchen, Pommes und Eis werden die Möwen aggressiver und stürzen sich auf alles Essbare. Um eventuelle Verletzungen durch Möwenangriffe zu verhindern, ist das **Füttern in der Gemeinde Helgoland streng verboten** und bei Zuwiderhandlungen werden Ordnungsstrafen bis zu 500 € erhoben.

Wer die **Überfahrt an Deck** verbringt, sollte daran denken, dass der Nordseewind alles Unbefestigte im Nu auf Nimmerwiedersehen entführen kann. Es ist daher sinnvoll, bewegliche Objekte anzubinden oder zu beschweren, da der Wind eine ganz ordentliche Kraft entwickeln kann.

⌃ Börteboot an der MS Fair Lady

Tagestour oder mehr?

2016 waren etwa 75 Prozent der rund 357.000 Inselbesucher **Tagesgäste,** die einen Schiffsausflug machen und abends wieder zu Hause sind. Ihnen verbleiben in der Regel nur etwa dreieinhalb bis vier Stunden an Land. In dieser Zeit lässt sich das Standard-Programm – einmal rund ums Oberland, Verzehr eines Fischbrötchens und ein wenig mehrwertsteuerfreies Shopping gera-

Cassen Eils – ein Leben für die Seefahrt

Kurz nach der Freigabe am 1. März 1952 begann die Erfolgsgeschichte der **ältesten noch existierenden Helgoland-Reederei.** Der auf Norderney geborene Kapitän und Reeder *Cassen Eils* (1923–2010), dessen Verbundenheit zur Seefahrt schon seit Generationen in der Familie lag, fuhr die Insel zum ersten mal im April des selben Jahres an. Seitdem fühlte er sich mit Helgoland sehr verbunden und empfand es schon bald als zweite Heimat. Schnell hatte Cassen Eils viele Kontakte geknüpft, was ihn dann zu einem „Moat" (Freund) und zu einem Teil der Insel machte. Von den Insulanern lernte er auch das zu den friesischen Sprachen gehörende Halunder, dass er fließend beherrschte.

Seine Tochter Georgina C. Eils bezeichnete ihn als „draufgängerischen Freigeist, der mit einem unerschütterlichen Optimismus ausgestattet war", und so plante er, umgehend einen **regelmäßigen Liniendienst nach Helgoland** einzurichten. Unterstützt wurde er dabei von *Henry Peter Rickmers* (1919–2013), dem späteren Bürgermeister von Helgoland. Kurz darauf, am 15. Juni 1952, nahm der Seebäderdienst mit *Cassen Eils'* Schiff MS Rudolf von Cuxhaven aus seinen Anfang. Damals transportierte das Schiff hauptsächlich Arbeiter und Material für den Wiederaufbau.

Der sogenannte **Seebäderdienst,** also regelmäßige Fahrten nach Helgoland, wurde für *Cassen Eils* zur Lebensaufgabe. Selbst den regelmäßigen **Winterverkehr** zwischen Cuxhaven und der Insel unter widrigen Wetterbedingungen hielt er aufrecht. Denn ihm ging es darum, die einzige und deshalb für die Insulaner lebenswichtige Fährverbindung das ganze Jahr über sicherzustellen. Geschäft machte er im Winter keines. Ihm war es wichtiger, seine Unabhängigkeit zu bewahren und die Geschicke der Reederei gut zu lenken.

Bereits am 19. Mai 1953 konnte *Cassen Eils* seine 100. Fahrt nach Helgoland feiern. Insgesamt kamen allein zwischen 1952 und 1956 mehr als 500 Fahrten zusammen. Als Anerkennung für sein Lebenswerk und sein Engagement für den Tourismus an Nord- und Ostsee wurde *Cassen Eils* „als Institution der deutschen Seebäderschifffahrt" im Februar 2009 mit dem **Bundesverdienstkreuz** ausgezeichnet.

Von 1970 bis 1999 erlebte die Reederei ihren Höhepunkt. Die Schiffsflotte umfasste zeitweise bis zu sieben Schiffe, die Helgoland mit verschiedenen Häfen an der Nordseeküste verbanden. Nach dem Tod des Reeders am 6. Januar 2010 wurde sein Seefahrtsunternehmen an die Emdener Firmengruppe AG Ems verkauft.

deso absolvieren. Eine Fahrt zur Düne wollen die meisten Tagesgäste nicht riskieren, weil sie fürchten, die Rückfahrt mit der
Dünenfähre MS Witte Kliff zu verpassen. Wer Helgoland halb-
wegs gründlich kennenlernen, auf ein Bad in der Nordsee nicht
verzichten und auch mal mit einem richtigen Halunder ein paar
Worte wechseln möchte, sollte **ein paar Tage länger bleiben.**

240he mna

Insel-Info A–Z

Mit dem eigenen Boot

Helgoland als zentrale Insel in der Hochsee ist einer der **bekanntesten und tidenunabhängigen Sportboothäfen** in der Deutschen Bucht. Dennoch besitzt er offiziell einen solchen Status überhaupt nicht, sondern übt die Funktion eines Bundesschutzhafens aus. Morgens und abends herrscht dort reger Verkehr durch die zahlreichen Crewtender, also die Katamarane, die die Windpark-Mitarbeiter an ihren Arbeitsort bringen, Offshore-Taxis und sonstigen Supportschiffe.

Mindestens 10.000 Yachten laufen jährlich die Insel an. Sie alle unterzubringen ist eine große Herausforderung. Im Südhafen ist Platz für 320 Gastboote in eng gedrängten Päckchen, im Vorhafen (nur bei gutem Wetter) für 100. Weitere drei Hafenbecken sind für Segler kaum von Bedeutung. Der Dünenhafen ist für Sportboote gesperrt, der Binnenhafen von Fischern und Bundesfahrzeugen belegt. Im Nord-Ost-Hafen stehen 30 bis 35 Liegeplätze für Boote bis 11 Meter zur Verfügung. Bitte unbedingt rechtzeitig vorher mit dem Hafenmeister klären, ob Platz ist. Im Südhafen nimmt der **Platzmangel** im Sommer oft drangvolle Dimensionen an, zumal die Westkaje für die Berufsschifffahrt reserviert ist, u.a. gehen dort die Schnellfähre und das die MS Helgoland längsseits. Häufig genug zeigen zwei senkrechte rote Lichter an der Einfahrt, dass alles belegt ist. Wenn es draußen stürmt, darf allerdings wegen Helgolands Rolle als Schutzhafen niemandem die Aufnahme verwehrt werden.

Hafenmeister

Die **Hafenmeisterei** des Wasser- und Schifffahrtsamtes (Tel. 04725/81593583) befindet sich an der Westkaje des Südhafens (www.wsa-toenning.wsv.de), hier ist auch das Hafengeld (plus Kurbeitrag) zu bezahlen. Liegeplätze werden bei Funkanmeldung zugewiesen (Helgoland Port Radio, UKW-Kanal 16 und 67). Toiletten und Duschen sind an der Nordkaje; Schiffshändler, Ausrüstung und Proviant am Binnenhafen. Der Hafenmeister des Wassersportclubs Helgoland (www.wsc-helgoland.de) im Südhafen ist am besten mobil erreichbar (bitte zu normalen Tageszeiten anrufen unter 0170/707 28 09). Der Hafenmeister des Clubs im Nord-Osthafen ist nur erreichbar von 17 bis 19 Uhr und am Wochenende von 10 bis 11 Uhr (Tel. 0160/4209482). Außerhalb der Telefonzeiten bitte eine SMS mit Angabe der Länge und Breite des Bootes sowie der An- und Abreisedaten schicken und bestätigen lassen, damit ein Liegeplatz gesichert ist.

Achtung: Die Naturschutzgebiete (NSG) rund um Helgoland dürfen ganzjährig nicht befahren werden.

2

Mit dem eigenen Flugzeug

Privatflieger sind auf der Helgoländer Düne herzlich willkommen. Schon rein ökonomisch ist eine Tour interessant, denn man kann **zoll- und steuerfrei tanken** (Achtung: nur AVGAS-Kraftstoff). Die Landeentgelte hängen vom Höchstabfluggewicht ab und liegen bei Maschinen bis 3000 kg zwischen 11 und 33 Euro (www.flughafen-helgoland.de).

Achtung: Zwischen 12 bis 14:20 Uhr herrscht **Mittagsruhe.** Der Flughafen ist Sommer wie Winter geöffnet (aktuelle Öffnungszeiten über die Website) und nur am 25. Dezember komplett geschlossen. An den Weihnachtsfeiertagen und über Silvester sind die Öffnungszeiten eingeschränkt. Gelandet werden kann nur unter **Sichtflugwetterbedingungen (VFR).** Daher unbedingt vor Flugantritt eine ausführliche Flugvorbereitung inklusive Wetter durchführen. Die Webcam auf der Website oder ein Anruf bei der Flugleitung (Tel. 04725/311) kann dabei unterstützend sein.

Die **Piloten** benötigen mindestens 100 Stunden Erfahrung als verantwortlicher Flugzeugführer sowie vor allem auch mit kurzen Landebahnen und wechselnden Wetterverhältnissen. Für Flüge mit Motorseglern und Ultraleichtflugzeugen muss vorab ein Flugplan aufgegeben werden.

Wer in der Saison auf der Düne oder der Hauptinsel übernachten will, sollte rechtzeitig vorher eine Unterkunft buchen (www.helgoland.de).

Apotheke, Ärzte, Hospital

Apotheke

■ **Insel-Apotheke:** Inhaber Carsten Hase, Oberland, Steanaker 359 (gleich an Treppe und Aufzug), Tel. 04725/7742.

Ärzte

■ **Dr. Marieta Wogawa:** Prakt. Ärztin, Notfall- und Ernährungsmedizin, Fachärztin für Allgemeinmedizin, Spriin Goat 328, Tel. 04725/8008311, Sprechstunde nach Vereinbarung.
■ **Klaus Wogawa:** Facharzt für Allgemeinmedizin, Psychotherapie, Badearzt. Spriin Goat 328, Tel. 04725/8008300. Sprechstunde nach Vereinbarung.
■ Außerdem Ärzte in der Paracelsus-Klinik (s. u.).

Ärztl. Bereitschaftsdienst

■ **Tel. 116 117** (bundeseinheitliche Rufnummer)

Zahnarzt

● **Dr. Wolfram Dammann:** Be de Spukkerbu 51 (Unterland), Tel. 04725/400, Mo–Fr 10–12 Uhr.

**Kranken-
haus**

● Die **Paracelsus-Nordseeklinik** (Invasorenpfad, Tel. 04725/8030) hat eine allgemeinmedizinische und eine neurologische Abteilung (Spezialität: Parkinson-Kranke) und nimmt sich natürlich auch Notfällen an.

Aushang

**Zeit- und
Preis-
angaben**

Verschiedene aktuelle Informationen zu **Abfahrtszeiten, Veranstaltungen, Preisen und Wetter** werden per Aushang bekannt gegeben. Es gibt auch vier **elektronische Informationstafeln:** an den Fahrstühlen im Unter- und Oberland, an der Landungsbrücke und an der Anlegestelle im Dünenhafen.

Banken/Geldautomaten

Banken und Geldautomaten sind nur im Unterland zu finden.

**Nur im
Unterland**

● **Helgoländer Sparkasse,** Friesenstraße 59, Tel. 0800/1010181 oder 04101/8073838
● **Volksbank Helgoland,** J.-A.-Siemens-Terrasse 169, Tel. 04725/81510
● **Postbank** in der Postfiliale bei Zeitschriften Marion Lunter, J.-A.-Siemens-Terrasse 172, Tel. 04725/7488.

Bücherei/Lesehalle

Die Gemeindebücherei ist am Nord-Ost-Hafen zu finden. Die Öffnungszeiten und Termine für Veranstaltungen sind vor Ort ausgehängt. Tel. 04725/7657, buecherei-helgoland@t-online.de. Am Anleger auf der Düne gibt es zudem einen Leseraum.

Denkmäler

■ Gleich bei der Landungsbrücke steht recht präsent das Denkmal mit einer Büste von **Hoffmann von Fallersleben** (1778–1874), dem Dichter der Deutschen Nationalhymne.

■ Ganz in der Nähe ist im Boden eine Gedenktplatte für **Heinrich Heine** (1797–1856) eingelassen, der gern und oft Gast auf Helgoland war und hier viel Zeit verbrachte.

■ Das Denkmal für den Gründer des Seebads Helgoland **Jacob Andresen Siemens** (1794–1848) liegt etwas versteckt im Unterland zwischen den Büschen rechts vom Fußweg zwischen Nord-Osthafen und Kurpark.

■ Auf dem Klippenrandweg im Oberland steht ein Gedenkstein, der an den Forscher **Werner Heisenberg** (1901–1976) erinnert, der im Juni 1925 auf der Insel entscheidende Fortschritte in der Aufstellung der Quantenmechanik machte.

241he mna

2

Einkaufen

Höhere Preise als auf dem Festland

Das Leben auf einer Insel, wo alles, was es zu kaufen gibt, aufwendig per Schiff oder Flugzeug transportiert werden muss, ist logischerweise **teurer als auf dem Festland.** Die Preise für allgemeine Verbrauchsgüter sind deshalb in der Regel höher, besonders bei Frischeprodukten sind die Aufpreise zu spüren. Da auf Helgoland aber **keine Mehrwertsteuer** erhoben wird, sind manche Waren wie Zigaretten, Parfümerieartikel, Alkohol und Bekleidung oftmals deutlich günstiger. Die meisten Geschäfte haben sich spezialisiert und man sollte auf der Suche nach einem „Schnäppchen" durchaus die Preise vergleichen.

Green Anna

🌱 Unter dem Motto „Einweg ist kein Ausweg" bieten verschiedene Geschäfte und andere Einrichtungen auf Helgoland für drei Euro eine auffällige grüne **Kunststoff-Tragetasche** an, die sich mehrfach verwenden lässt und aus recycelten Plastikflaschen besteht. Das Ganze ist eine Aktion gegen die vielen Plastikmüll in den Meeren, die von der Meeresbiologin *Dr. Rebecca Störmer,* die auch für den Verein Jordsand naturkundliche Führungen auf Helgoland anbietet, ins Leben gerufen worden ist.

🔲 Infos gibt es unter **www.green-anna.de**

Ferngläser

UNSER TIPP: Nicht nur Vogelliebhaber wissen eine gute Auswahl und fachkundige Beratung in Sachen Sport-Optik zu schätzen. Juwelier Henry Kaufmann ist sowohl auf dem Unterland als auch auf dem Oberland vertreten und Spezialist für **Ferngläser** mit einer großen Auswahl für jeden Geldbeutel.

🔢 **www.juwelier-kaufman.de,** viermal auf Helgoland vertreten: J.-A.-Siemens-Terrasse 162 und 163, Am Falm 316, Lung Wai 194, Tel. 04725/370

Whisky bei „Helgoheiner"

UNSER TIPP: Whiskykenner pilgern gern zu „Helgoheiner". In seinem Laden **Heiner's Duty Free Shop** auf dem Oberland hat er mehr als 1000 Whiskysorten zur Auswahl, von mild bis stark und von günstig bis zur teuren Rarität ist alles dabei. Besonders

◁ Denkmal Seebadgründer J. A. Siemens

2

empfehlenswert sind seine „**Whisky Tastings**", die im Sommer donnerstags und im Winter freitags um 16.30 Uhr stattfinden. Die 25 Euro pro Person sind gut angelegt, zwei bis drei Stunden Zeit sollte man mitbringen. Unter fachkundiger Anleitung werden jeweils fünf verschiedene Whiskys vorgestellt, anschließend entscheiden die Teilnehmer über ihren geschmacklichen Favoriten. Zwischendurch gibt es Schokolade und Knabbereien und viel Informatives rund um den Whisky, seine Herstellung und die Aromenvielfalt. Da sich die Veranstaltung auch bei Einheimischen großer Beliebtheit erfreut, sollte man sich unbedingt rechtzeitig vorher anmelden.

1 **Heiner Stepper,** Kirchstraße 341, Tel. 04725/1225 und 0175/5621454, heiner.stepper@t-online.de. Aktuelle Termine werden auf facebook unter „helgoheiner" gepostet.

Schokoladen-Manufaktur

UNSER TIPP: Die **Schokoladen-Manufaktur** im Unterland ist ein echter Genießertipp. Hier bekommt man handgemachte Trüffel und besondere Schokoladen vom Feinsten. Inhaber *Thomas Wüppermann* hat montags bis donnerstags von 14.30 bis 17.30 Uhr geöffnet, die übrige Zeit benötigt er für die Produktion seiner hochwertigen Süßigkeiten. Besondere Spezialität sind seine Trüffel mit Original-Whisky, z. B. mit zwölf Jahre altem Bowmore Islay Single Malt oder 18 Jahre altem Glenfarclas Speyside Single Malt Whisky. Weil sich im Sommer Schokolade nicht so gut verkaufen lässt, experimentiert er aktuell mit einem eigenen Helgoland-Whisky. Den sogenannten „New Spirit" wird es wohl ab 2020 geben, bis dahin reift er im Fass. Es ist auch geplant, eigenes Bier zu brauen. Anfang Oktober veranstaltet er ein Whiskyfestival.

3 **Schokoladenmanufaktur Thomas Wüppermann,** J.-A.-Siemens-Terrasse 146, Tel. 04725/7007848, schokoladenmanufaktur@t-online.de

Kleinod – Meerfrauen-schätze von Helgoland

Der Werkstattladen „**Kleinod – Meerfrauenschätze von Helgoland**" von *Claudia Edmund* im Oberland bietet neben einzigartigem Feuersteinschmuck viele Produkte an, die mit Idealismus, Mut und Ideen auf Helgoland und in Europa in Handarbeit entstehen. Hinzu kommen weitere fairgehandelte Dinge aus der ganzen Welt, die in Kooperativen oder von körperlich beeinträchtigten Menschen in kleinen Werkstätten gefertigt werden, oftmals aus recyceltem Material. So werden soziale Projekte gestützt, die Natur geschützt und traditionelles Handwerk erhalten.

2 Kleinod Helgoland, Am Falm 303, 27498 Helgoland, Telefon 0173/2935760, claudia.edmund@gmx.de, www.kleinod-helgoland.de

Zollfrei-gebiet

Weil Helgoland weiterhin Zollfreigebiet außerhalb der EU ist, können auf der Insel **unversteuerte Waren** eingekauft und entweder vor Ort konsumiert oder zum Festland mitgeführt werden. Die Mengen sind natürlich beschränkt. Sie werden geregelt durch die „Verordnung über die Abgabenfreiheit von Waren im persönlichen Gepäck der Reisenden (BG-B1.1/S. 3377)" und haben folgenden Inhalt:

Flug- oder Seereisende, die von Helgoland auf das Festland reisen, dürfen Waren für ihren **persönlichen Ge- oder Verbrauch,** für ihre Familienangehörigen oder als Geschenk bis zu einem Wert von 430 € abgabefrei einführen. Für Reisende unter 15 Jahren gilt die Grenze von 175 €. Dabei versteht das Gesetz unter Flug- oder Seereisende Passagiere, die im Luftverkehr oder im Seeverkehr reisen; ausgenommen sind die Binnenschifffahrt sowie die Helgoland betreffende private nichtgewerbliche Luft-/Seeschifffahrt (hier gilt eine Freigrenze von 300 €).

Eine Zollanmeldung ist ausschließlich auf Helgoland möglich. Wer also seine Einkäufe, die die Freimengen überschreiten, nicht auf der Insel angemeldet hat, muss bei einer Kontrolle auf dem Festland Strafzoll entrichten.

Die Zoll-vorschriften im Überblick

Tabakwaren (nur für Personen ab 17 Jahren)
- 200 Zigaretten oder
- 100 Zigarillos oder
- 50 Zigarren oder
- 250 g Rauchtabak oder
- eine anteilige Zusammenstellung dieser Waren.

Alkohol und alkoholhaltige Getränke (nur für Personen ab 17 Jahren)
- 1 Liter Alkohol und alkoholische Getränke mit einem Alkoholgehalt von mehr als 22 Vol.-% oder
- 2 Liter Alkohol und alkoholische Getränke mit einem Alkoholgehalt von höchstens 22 Vol.-% oder
- eine anteilige Zusammenstellung dieser Waren und
- 4 liter nicht schäumende Weine und
- 16 Liter Bier.

Arzneimittel
■ Die dem persönlichen Bedarf des Reisenden entsprechende Menge.

Andere Waren
■ Für Reisende in der privaten nichtgewerblichen Luft-/Seeschifffahrt bis zu einem Warenwert von 300 €;
■ Passagiere in der gewerblichen Luft-/Seeschifffahrt bis zu einem Warenwert von insgesamt 430 €;
■ Reisende unter 15 Jahren bis zu einem Warenwert von insgesamt 175 €.

Nicht abgabefrei ist eine unteilbare Ware, deren Wert die jeweilige Freimenge übersteigt, wie beispielsweise Schmuck, Kleidungsstücke, technische und optische Geräte.

Die Eingangsabgaben werden vom vollen Warenwert erhoben. Die Abgaben für Waren, welche die oben genannten o. g. Freimengen überschreiten, erfragen Sie bitte beim Zollamt Helgoland, Am Südstrand 1 (neben dem Binnenhafen), Tel. 04725/304. Dort sind auch Objekte höheren Werts zur etwaigen Verzollung freiwillig vorzulegen, damit es keinen Ärger gibt. Öffnungszeiten von Mo bis Sa von 7–12 und 13–17 Uhr, So 8–12 und 13–17 Uhr.

Eine Zollabfertigung an der Landungsbrücke, am Nord-Osthafen und im Zollcontainer ist **nicht möglich.**

Fest- und Gedenktage

■ **23./24. Februar:** Untergang der MS Adolph Bermpohl (siehe Exkurs „Das Schiffsunglück mit der ‚Adolph Bermpohl'")
■ **1. März:** Gedenktag anlässlich der Freigabe Helgolands 1952
■ **1. April:** Saisoneröffnung – Helgolands Flagge wird zur Düne gebracht
■ **10. August:** Gedenktag anlässlich des Wechsels der Staatszugehörigkeit von Großbritannien zum damaligen Deutschen Reich 1890

Fortbewegung

Kaum Motorisiertes

Auf Helgoland sind **Fahrzeuge jeder Art verboten,** auch Fahrräder, es sei denn, man hat eine Sondergenehmigung. Die Insel ist aber auch so klein, dass sich alle Wege problemlos zu Fuß erledigen lassen. Die gute Luft soll nicht durch Abgase verpestet werden. Rund 150 Elektrofahrzeuge erledigen die Transport-

dienste für Personen- und Warenverkehr. Ein Gutes kommt hinzu: Das Straßenbild wird nicht durch den in Deutschland üblichen Schilderwald gestört. Einzig Rettungsdienst, Feuerwehr, Polizei und Zoll dürfen mit Verbrennungsmotoren fahren sowie Baufahrzeuge und ein Taxi zum Flugplatz. **Fußgänger** haben immer Vorfahrt, aber es gibt auf der Düne kurioserweise zwei Fußgängerampeln, die warnen, wenn Flugzeuge landen. Sowohl auf der Düne als auch auf der Insel kann man über die Firma EMT bei Bedarf ein **Elektrotaxi** für max. vier Personen mieten. Bei Bedarf in den Nachmittag- und Abendstunden sollte das Fahrzeug besser vorbestellt werden unter Tel. 04725/313, auf der Düne 0171/1762261.

Strandbuggy

Auf der Düne (am Anlegergebäude) können mobil eingeschränkte Gäste Strandbuggys ausleihen, zwei gibt es davon.

Dünenfähre

Abhängig vom Wetter fährt die **MS Witte Kliff** in der Saison von April bis Oktober regelmäßig alle halbe Stunde von der Landungsbrücke oder vom Nordosthafen zur Düne, auch in der Wintersaison durchgehend, aber seltener. Die Fahrt dauert nur wenige Minuten, Hin- und Rückfahrt kosten 5 Euro pro Person,

Dünenfähre Witte Kliff an der Landungsbrücke

Kinder zahlen die Hälfte, die 12er-Karte kostet 50 Euro. **Fahrpläne** hängen an der Landungsbrücke aus, dort ist auch die Fährkasse, und gleich daneben findet die Aus- und Einschiffung zu den Seebäderschiffen statt. Große Schilder weisen auf die verschiedenen Zielhäfen hin, damit man auch den richtigen Dampfer erwischt.

Fahrstuhl

Und natürlich zählt zur Sparte „Fortbewegung" auch der **Fahrstuhl,** mit dem man die etwa **40 Meter aufs Oberland** problemlos bewältigen und bequem **auf die 184-stufige Treppe verzichten** kann. Der neu ausgebaute Invasorenpfad erlaubt es zudem Fahrzeugen, zum Beispiel den Elektrotaxen, aufs Oberland zu fahren. Der Fahrstuhl befindet sich am bergseitigen Ende des Lung Wai, gleich neben der Treppe. Fahrkarten kann man einzeln oder als Mehrfachkarten erwerben. Achtung: Der Fahrstuhl ist nicht 24 Stunden in Betrieb. Preise: Einzelkarte: 0,55 €; Versehrte, Hin- und Rückfahrt: 0,85 €; 12er Karte: 3,80 €.

243he mna

Führungen und Rundfahrten

Börteboote

Während der Saison legen die **traditionellen Börteboote** mehrmals täglich vom Nordosthafen oder der Landungsbrücke aus für **Inselrundfahrten** ab. Ob man im oder gegen den Uhrzeigersinn um die Insel fährt, hängt von Wind und Wetter ab. Das Erlebnis ist seinen Preis wert: Karten ab 15 € (Erw.), Kinder ab 12 €; abendliche „Sundowner-Fahrten" kosten 25 bzw. 20 €. Die Preise der einzelnen Anbieter sind unterschiedlich. Karten gibt es direkt am Kai oder über die Helgoland Touristik, Tel. 04725/8137-0, bei Gerold Lösekann, Tel. 0171/4801908 oder Inselrundfahrten Helgoland, Tel. 04725/8008605. Die Abfahrtszeiten hängen auch am Kai aus. Wasser- und windfeste Kleidung ist empfehlenswert.

Der **Verein zum Erhalt Helgoländer Börteboote e. V.** setzt sich für den Erhalt der traditionellen Eichenholzboote ein und hofft, den Status eines UNESCO-Weltkulturerbes zu erhalten. Mehr Informationen unter www.vzehb.de.

Börte-Bahn

Wer schlecht zu Fuß ist oder keine Lust zu laufen hat, kann zwischen April und Oktober bei der Börte-Bahn, einem kleinen **Elektrozug**, zwischen zwei Touren wählen. Eine geht über das Unterland (40 Min.) und eine weitere über das Oberland (60 Min.). Abfahrt ist an den Landungsbrücken, dort sind auch die Fahrzeiten ausgehängt. Hunde, Essen, Trinken und Rauchen sind nicht erlaubt. Preise: Erwachsene 9 €, Kinder bis 12 J. 5 €. Mehr Infos dazu im Internet unter www.helgolandbahn.de, Tel. 0151/10470424.

Architektur-führung

In unregelmäßigen Abständen finden durch die Kurverwaltung organisierte **geführte städtebaulich-historische Rundgänge zum Architekturkonzept** statt. Die aktuellen Termine sind im Aushang zu finden oder im Internet unter www.helgoland.de. Wer sich dem Thema auf eigene Faust nähern will, erfährt über den **Architektur-Rundweg** auf 15 Stationen Wissenswertes zur Architekturgeschichte. Den Plan dazu sowie eine kurze Beschreibung der einzelnen Stationen gibt es bei der Helgoland Touristik im Rathaus.

◁ Eingang zum Fahrstuhl auf dem Oberland

Bunker-führung

Eine spannende Tour durch das **weit verzweigte Tunnel- und Stollensystem** im Inneren der Felseninsel findet in der Saison täglich statt. Kartenverkauf in der Helgoland Touristik: 8,50 € pro Person, Kinder 4 €. Achtung: Kinder unter 10 Jahren dürfen nicht teilnehmen. Die Touren erfreuen sich großer Beliebtheit, deshalb Karten bitte rechtzeitig vorreservieren (siehe auch „Sehenswertes").

Natur-führung

Im Sommer bietet der **Verein Jordsand** (Hummerbude 35, Tel. 04725/7787) **verschiedene Touren** sowohl auf der Hauptinsel (Lummenfelsen, Felswatt) als auch auf der Düne (naturkundliche Strandführung) an. Die Führungen sind kostenlos, dafür freut sich der Verein über Spenden, da er sich und seine Arbeit darüber finanziert. Die Führungen finden von April bis Oktober von Dienstag bis Sonntag von 9.30 bis 12 Uhr und 13 bis 16 Uhr statt. Infos im Internet unter www.jordsand.de, Tel. 04725/7787.

⌃ Hölzernes Börteboot in einer Werfthalle

⌄ Wie aus einem Spielzeugland: die Helgoländer Börte-Bahn

Der Verein Jordsand, 1909 gegründet, hat sich dem Vogel- und Naturschutz verschrieben und betreut heute 21 Reservate in Hamburg, Niedersachsen und Schleswig-Holstein, zu denen auf Helgoland seit 1983 die Naturschutzgebiete „Helgoländer Felssockel" und „Lummenfelsen" gehören.

Die **Reederei FRS** bietet ebenfalls **Dünenführungen** an. Erw. zahlen 12 €, Kinder 6 €. Tickets gibt es an Bord des Halunder Jets. Nähere Informationen: www.helgoline.de.

Vogelwarte

Vom 15.3. bis 31.10. bietet das **Institut für Vogelforschung „IfV Vogelwarte Helgoland"** jeden Di und Fr um 16.30 Uhr eine **Führung** an. Treffpunkt ist am Eingang, die Führungen beginnen pünktlich, wer zu spät kommt, kann nicht mehr teilnehmen. Es wird über die Beringung der Vögel und die wissenschaftliche Arbeit berichtet, ein Rundgang durch den „Fanggarten" bildet den Abschluss. Die Führungen sind kostenlos, Spenden dafür gern gesehen. Mehr Infos dazu im Internet unter www.ifv.vogel warte.de, Tel. 04725/64020.

Insel-führung

In der Saison finden täglich um 13 Uhr **Führungen über die Insel** (90 Min.) statt, Startpunkt ist der Musikpavillon. Veranstaltet werden sie von den **Reedereien Cassen Eils und FRS,** Kosten ab 5 € für Erw., 3 € für Kinder. Die Karten gibt es bei der Helgoland Touristik.

298he mna

Katamaran-
ausflüge

In der Saison bietet die Reederei FRS einmal monatlich **Aus-flugsfahrten mit dem Katamaran** (90 Min.) zu den **Windparks** an. Erwachsene zahlen 31 €, Kinder 17 €. Die aktuellen Termine stehen im Internet unter www.helgoline.de. Tickets und Informationen gibt es unter Tel. 0461/86444, bei der Helgoland Touristik und an den Fahrkartenschaltern der FRS Helgoline.

Insel der Stille

„Der Lerm (…) ist die impertinenteste aller Unterbrechungen, da er sogar unsere eigenen Gedanken unterbricht, ja, zerbricht. Wo jedoch nichts zu unterbrechen ist, da wird er freilich nicht sonderlich empfunden werden."

Arthur Schopenhauer

Fragt man Inselreisende, die nicht nur eine Tagestour absolviert, sondern auch einige Nächte auf Helgoland verbracht haben, was ihnen dort besonders gut gefallen habe, so lautet die Antwort durchweg: **„Die Ruhe, diese himmlische Ruhe".** Denn nicht nur im Winter, auch mitten in der Hochsaison kommt der ohnehin selten zu laute touristische Trubel abends zum Erliegen, und Stille zieht ein. Kein Kraftfahrzeug stört den insularen Frieden, keine „tragbare Disco" *(Harald Schmidt)* schallt durch das sanfte Rauschen der Wellen und die Kinder sind von der Seeluft und dem Toben am Strand oft so müde, dass sie abends nur noch völlig erledigt ins Bett fallen.

Auf dem Festland ist die dominierende Lärmquelle meist der **Straßenverkehr,** durch den sich Millionen von Bundesbürgern massiv gestört fühlen. Laute Veranstaltungen und musikalische Dauerberieselung kommen häufig noch dazu. Das Lärmempfinden ist bei jedem

Menschen anders. Geräusche dringen grundsätzlich in unser Hörsystem ein, wir können sie nicht einfach ausblenden, sondern müssen uns mit ihnen auseinandersetzen. Besonders laute Geräusche haben Signalwirkung und ziehen sofort unsere Aufmerksamkeit auf sich. An Lärm kann man sich auch nicht gewöhnen, deshalb gilt er als ernst zu nehmendes **Umweltproblem.** Eine dauerhafte Geräuschkulisse macht nachweislich krank und aggressiv. Studien der Weltgesundheitsorganisation WHO haben nachgewiesen, dass Krach Stressreaktionen auslöst und sich negativ auf Herz, Kreislauf und Gehirn auswirkt. Er kann sogar Allergien und Migräne verursachen sowie besonders bei Kindern den Grundstein für lebenslange chronische Gesundheitsprobleme legen. Fast alle Menschen sind Opfer und Täter zugleich.

Auf Helgoland fällt deshalb vor allem eines auf: Es gibt keinen Straßenverkehr und meistens liegt Stille in Luft – abgesehen von den **Geräuschen der Natur** wie Wind, Wellenrauschen und Vogelrufe. Deshalb kehrt man nach einem Aufenthalt auf dem „Roten Felsen" meist gut erholt wieder zurück – womöglich mit der Erkenntnis, dass man zu Hause selbst einiges dazu beitragen könnte, die Lärmemission einzudämmen und ab und zu das Auto stehen zu lassen.

Rundflüge

Rundflüge und Flüge zu den Windparks werden mittwochs und sonntags um 10 Uhr ab Flugplatz von der Düne aus angeboten, sofern mindestens acht Personen Interesse daran haben. Die Flüge kosten 60 €, für Kinder unter 12 Jahren 50 €. Infos unter 04725/411 oder unter www.fliegofd.de.

237he mna

Gastronomie

**Rund
50 Gast-
stätten**

Helgoland ist mit Speisestätten gut versorgt. Rund 50 Restaurants, Lokale, Kneipen und Imbisse sorgen für das leibliche Wohl der Gäste, und **für jedes Budget ist etwas dabei.** Im Winter schrumpft das Angebot zwar stark, aber für Essen und Getränke ist gesorgt, denn etliche Restaurationen sind weiterhin in Betrieb, wenn auch mit eingeschränkten Öffnungszeiten.

Mehr als in anderen Bereichen kommt es bei der Gastronomie immer wieder zu Veränderungen. Die nachstehende Liste wird durch Aktualisierungen regelmäßig auf den neuesten Stand gebracht, sie kann mit spontanen Änderungen (auch hinsichtlich der kulinarischen Qualität) jedoch nicht immer Schritt halten, wofür um Verständnis gebeten wird.

In der nachstehenden Liste beziehen sich die vorangestellten **Ziffern** auf die Verortung der Betriebe in der **Karte „Helgoland Gastronomie".** Auf die Nennung von Öffnungszeiten, die sich häufig ändern, wurde bewusst verzichtet, denn die Insel ist so klein, dass es von einem geschlossenen zum nächsten offenen Restaurant nur weniger Schritte bedarf. Für alle Restaurants gilt, dass es besser ist, einen Tisch zu reservieren, weil es besonders während der Hauptsaison abends zu Engpässen kommen kann.

Oberland

1 Terrassencafé am Falm, Am Falm 322, Tel. 04725/811163. Kaffeegarten mit Speiseangebot und grandioser Aussicht Richtung Düne.

2 Café Krebs, Am Falm 321, Tel. 04925/7734, www.kleinod-helgoland.com. Die Einrichtung ist zwar etwas in die Jahre gekommen, aber *Bennos* Kuchen sind im wahrsten Sinne des Wortes allererste Sahne. Nachmittags Außer-Haus-Verkauf um die Ecke. Spezialität ist der mit Helgoländer Klippenkohl. Der Tee mit Helgoländer Klippenkohl wird auch verschickt.

3 Zum Seehund, Mittelweg 349, Tel. 04725/811111, www.seehundhelgoland. de. Gutbürgerliche Küche und Fischgerichte in durchschnittlicher Qualität.

4 Mocca-Stuben, Hingstgars 447, Tel. 04725/1253, www.mocca-stuben.de. Bar, Bistro und Restaurant mit sehr gutem gastronomischen Angebot aus besten frischen Zutaten und erlesenen Weinen. Empfehlenswert sind besonders die Steaks.

5 Atlantis, Hingstgars 444, Tel. 04725/640716, www.atlantis-helgoland.de. Feine regionale und internationale Küche in gemütlicher Atmosphäre, besonders gut ist die hausgemachte Fischsuppe.

6 Charly's Bierstübchen, Steanaker 364, Tel. 04725/640895. Raucherpub im Oberland.

7 **Störtebeker,** Steanaker 365, Tel. 04725/622, www.zumfreibeuterstoerte beker.de. Mittelprächtige Küche mit Fischgerichten und gutbürgerlicher Küche.

8 **Der Inselbäcker,** Rekwai 427, Tel. 04725/420, www.derinselbaecker-helgo land.de. Brot und Gebäck aus der solitären insularen Backstube zu zivilen Preisen. Sogar hausgemachtes Knäckebrot gibt es hier.

9 **Hanse Kogge,** Am Falm 312, Tel. 04725/800995, www.hansekogge-helgo land.de. Gutbürgerliche Küche, alles frisch und lecker gekocht, in gemütlichem Ambiente mit schönem Blick über die Helgoländer Reede.

10 **Restaurant Isola Bella,** im Hotel Meeresblick, Am Falm 305, Tel. 04725/81 11 80, www.meeresblick-helgoland.com. Hier werden italienische Fisch- und Fleischspezialitäten, schmackhafte Pizzen, Helgoländer Spezialitäten und köstli che Desserts angeboten.

11 **Zum Hamburger,** Am Falm 304, Tel. 04725/811180. Seit über 30 Jahren gibt es im „Hamburger" bereits Gourmet-Gerichte, vor allem exzellentes Seafood mit Blick aufs Meer.

Unterland

12 **Felsenkrug,** Bremer Str. 235 (links vom Fahrstuhl), Tel. 04725/7245. Raucher höhle mit Küche zum kleinen Preis in echter Kneipenatmosphäre, von Helgolän dern auch „Endstation" genannt.

13 **Knieper,** Lung Wai 208 (nahe Fahrstuhl), Tel. 04725/1293, www.hochsee welt.de. Bar-Bistro und Sportsbar. Imbiss und Cocktails direkt am Fahrstuhl ins Oberland.

14 **Flamingo,** Lung Wai 207, Tel. 04725/8007333. In diesem Bistro-Eiscafé gibt es selbstgemachtes Eis und frische regionale Küche mit Tageskarte nach Saison, sowie Salate und Pasta.

15 **Aquarium Café,** Aquariumstr. 186, Tel. 04725/640339, www.aquariumcafe- helgoland.de. Obwohl das Aquarium bis auf weiteres geschlossen ist, bleibt das gleichnamige Café geöffnet. Die Qualität ist hervorragend, es gibt eine gute Aus wahl an vegetarischen und Fischgerichten, die Küche ist fein und experimentell.

16 **Helgoländer Fisch-Eck,** J.-A.-Siemens-Terrasse 176, Tel. 04725/800666, www.www.facebook.com/Helgoländer-Fisch-Eck. Hier gibt es die besten Fisch brötchen der Insel.

17 **Bruns Bistro,** J.-A.-Siemens-Terrasse 173, Tel. 04725/640861, www.bistro- helgoland.de. Kleine, preiswerte, gern auch vegetarische Gerichte zeichnen das Café aus. Besonders das Eis und die Rühreigerichte sind empfehlenswert.

18 **Café Hinrichs,** J.-A.-Siemens-Terrasse 168, Tel. 662, Tel. 04725/662, www. cafehinrichs.de. Kaffee und Kuchen, bei schönem Wetter auch draußen. Wer nach dem Genuss eines Eiergrogs noch stehen kann, bekommt eine Urkunde.

19 **Düne-Süd,** Lung Wai 41, Tel. 04725/811031, www.duene-sued.com. Brasse rie, Bar und Café, Mittagstisch und nachmittags gibt es Kuchen, abends werden Drinks serviert.

20 **Der Inselbäcker,** Lung Wai 45, Tel. 04725/800654, www.derinselbaecker- helgoland.de. Brot und Gebäck, s.o.

Helgoland Gastronomie

Tennis
Nordsee-halle
Kurmittelhaus
Meerwasser-schwimmbad (mare frisicum)

Museum Helgoland

Minigolf

Nord-Ost-Hafen

Dünenfähre

Jacob-Andresen-Siemens-Denkmal

Bücherei
WC

Kurpromenade

Kurpromenade

Meerwasser-Entsalzungs-Anlage

Kraftwerk

Millstätter Weg

AWI Biologische Forschungsanstalt Helgoland

Aquarium Str.

KLIPPE

Norderfalm

Klippenrandweg

Husumer Str.
Robben-gasse
Tümmler-gasse

15

Treppenstr.
J.-A. Siemens-Platz

1

2

WC

13

14

Lung Wai

16

Snep

Otto-Bartning-Str.

3

Am Falm

Fahrstuhl

lip de Swart

Lummenstraße

Apotheke

12

17

7

9

18

Eingang "Zivilschutzbunker"

4

6

Bremer Schiffer Straße

St.-Nicolai-Kirche

5

8

Am Falm

Mittelweg

KLIPPE

An der Sapskuhle

R.-C.-Rickmers-Str.

James-Krüss-Schule

Bop de Kark

Von-Aschen-Straße

Gouverneur-Maxse-Str.

Feuerwehr

Ausgang "Luftschutzbunker"

10

11

Leuchtturmstr.

Wilhelmshavener Str.

St.-Michaels-Kirche

Berliner Bär

Klippenrandweg

Leuchtturmstraße

Oberland

Mittel-

Leuchtturm

Antennenträger Helgoland

Klippenrandweg

2

■ **Essen und Trinken**

Oberland
1 Terrassencafé am Falm
2 Café Krebs
3 Zum Seehund
4 Mocca-Stuben
5 Atlantis
6 Charly's Bierstübchen
7 Störtebeker
8 Der Inselbäcker
9 Hanse Kogge
10 Restaurant Isola Bella
11 Zum Hamburger

Unterland
12 Felsenkrug
13 Knieper
14 Flamingo
15 Aquarium Café
16 Helgoländer Fisch-Eck
17 Bruns Bistro
18 Café Hinrichs
19 Düne-Süd
20 Der Inselbäcker
21 Cohibar
22 KaffeeKlatsch
23 Börte-Stube
24 Bruns Pizza & Pasta
25 Weddigs Fischerstube
26 Inselkrug
27 Barracuda
28 Marcy's Bar Bistro
29 Rickmers Galerie Restaurant
30 Bunte Kuh
31 Rickmers Seafood
32 Krepp-Bude

2

21 Cohibar, Lung Wai 23, Tel. 04725/8131310, www.seehotel-helgoland.de. Raucherlounge im Seehotel Helgoland. Der Name deutet auf edle Zigarren hin. Und die gibt es aus dem gut gefüllten Humidor und dazu jede Menge Cocktails und Drinks.

22 KaffeeKlatsch, Lung Wai 27, Tel. 04725/81300, www.facebook.com/Kaffee klatschHelgoland. Kaffeespezialitäten nahe der Landungsbrücke, zu kaufen gibt es verschiedene Kaffeesorten, Coffee-to-go-Becher aus Porzellan zum Mitnehmen und leckeres dänisches „Lakrids".

23 Börte-Stube, Friesenstr. 56, Tel. 04725/346, www.hotel-helgolandia.de. Das Restaurant befindet sich im Hotel Helgolandia. Es gibt gepflegte regionale Küche mit französischen Einflüssen.

24 Bruns Pizza & Pasta, Mellinstr. 47, Tel. 04725/640274, www.facebook.com/Pizza-Pasta. Leckere Pizza und Nudelgerichte in Imbissatmosphäre, gern auch zum Mitnehmen. Spezialität ist die Knieper-Pizza.

25 Weddigs Fischerstube, Friesenstr. 61, Tel. 04725/7235, www.fischerstube-helgoland.de. Gastwirt *Angelo Bras* serviert stets gut gelaunt und äußerst aufmerksam köstlich zubereitete Fischgerichte in behaglich-maritimer Umgebung.

26 Inselkrug, Friesenstr. 63, Tel. 04725/6404538, www.facebook.com/BarInsel krug. Raucherlokal, nachmittags gibt es Kaffee und Kuchen, aber keine Speisen, reichhaltige Whisky- und Rumkarte.

27 Barracuda, J.-A.-Siemens-Terrasse 148, Tel. 04725/2910640, www.barra cuda-helgoland.de. Restaurant mit Loungebar. Man kann auch draußen sitzen und das geschäftige Treiben auf der Einkaufsstraße betrachten. Gelegentlich finden Events statt.

28 Marcy's Bar Bistro, J.-A.-Siemens-Terrasse 140, Tel. 04725/8009595, www.marcys.de. Kleine Bar mit Tapas und kleinen Snacks, Cocktails und Kaffeespezialitäten. Es gibt jede Menge Spiele zum Ausprobieren. Samstags und sonntags Frühstück von acht bis elf.

29 Rickmers Galerie Restaurant, Am Südstrand 2, Tel. 04725/814125, www.rickmers-galerie-restaurant.de. Gourmet-Oase inmitten einer einmaligen Gemäldesammlung mit klassischer Seebad-Küche oder aktueller internationaler Küche.

30 Bunte Kuh, Hafenstraße 1013–1018, Tel. 04725/811343, www.buntekuh-helgoland-de.jimdo.com. Die Bunte Kuh hat Kultstatus bei den Rock'n'Roll-Butterfahrern. Direkt am Binnenhafen inmitten der Hummerbuden gelegen, kann man entweder draußen sitzen oder drinnen in gemütlicher Atmosphäre kleine Gerichte und Cocktails genießen.

31 Rickmers Seafood, Hummerbuden, 04725/814125. Hier gibt es hochpreisige Fischspezialitäten wie Austern, Knieper, Fischbrötchen und Backfisch am Hafen in den Hummerbuden direkt auf die Hand.

32 Krepp-Bude, Hummerbuden, Inhaber ist *Thorsten Probst-Engelhardt*. Frisch gemachte leckere Crêpes, alles von Hand hergestellt zu fairen Preisen. Die Öffnungszeiten variieren sehr. Wenn geschlossen ist, steht im Fenster, wann wieder geöffnet ist. Das Warten lohnt sich.

2

Düne

0 ⊢━━━━━━━ 300 m © REISE KNOW-HOW Helgol05 8/18

■ **Übernachtung**
1 Bungalow-Dorf
2 Campingplatz

Nordstrand

FKK

2

3 *Flugplatz*

Spielplatz

NSG Aade

● *Freizeithalle*

Dünen-hafen

Johnnys Hill

1

Grillplatz

West-mole

Friedhof der Namenlosen

4

Leuchtturm

Südstrand

■ **Essen und Trinken**
3 Flughafenrestaurant
4 Dünenrestaurant

Düne

Karte Düne s.o.

4 Dünenrestaurant, Düne Südstrand, Tel. 04925/544, www.facebook.com/ Duenenrestaurant. Nettes Personal serviert von April bis Oktober kleine Gerichte am Strand mit atemberaubenden Blick aufs Meer. Empfehlenswert ist der Sanddorn-Punsch und die legendären Barbeque-Abende sind ein Magnet für viele Inselgäste. Die Eltern können ein kühles Getränk genießen und ihren Kindern beim Spielen am Strand zusehen, besser geht es nicht.

3 Flugplatzrestaurant, Tel. 04725/7123, www.flughafen-helgoland.de. Speisenrestaurant mit großer Auswahl inmitten des Flugplatzbetriebs inklusive Shop mit Lebensmitteln. Hier können sich die Gäste der Ferienbungalows ihre Waren vorbestellen.

Gepäckdienst

Wer sein Gepäck nicht selbst transportieren möchte, kann über den **Kooperationspartner** der Deutschen Bahn, den Hermes Gepäckservice oder über die DB-Verkaufsstellen den Transport desselbigen bestellen und es kostenpflichtig nach Helgoland verschicken. Allerdings sollte man seine Sachen dann gut verpacken und eventuell auch mit ramponierten Gepäckstücken rechnen. Die Transportdienste gehen erfahrungsgemäß mit den Koffern nicht gerade zimperlich um, Schäden werden häufig billigend in Kauf genommen. Der Transport dauert mindestens zwei Tage und muss rechtzeitig vorher angemeldet werden.

Besser ist es, das den **Reedereien** zu überlassen. Sie bieten gegen Gebühr den Transport des Gepäcks vom Anleger bis zur Unterkunft an.

Vom **Flugplatz** aus können Passagiere und Gepäck mit dem Kleinbus oder Taxi zum Anleger der Dünenfähre fahren. Danach sind sie selbst für den Transport zuständig.

Auch der **Gepäckdienst Helgoland** bietet einen kostenpflichtigen Service an und arrangiert den Transport von der Unterkunft zur Landungsbrücke, zur MS Helgoland oder zum Halunder Jet, in der Sommersaison auch bis zum Zielhafen, zum Heimatbahnhof oder von Haus zu Haus. Am Tag vor der Abreise sollte angerufen werden, das Gepäck wird am nächsten Morgen abgeholt.

■ **EMT Gepäckdienst Helgoland,** Tel. 04725/313, www.emt-helgoland.de
■ **Deutsche Bahn,** Tel. 01806/996633 (0,20 €/Anruf vom Festnetz, 0,60 €/Anruf über Mobilfunk), oder online buchen über www.bahn.de
■ **Hermes Gepäckservice,** Tel. 01806/3111211 (0,20 €/Anruf vom Festnetz, 0,60 €/Anruf über Mobilfunk), oder online buchen über www.myhermes.de.

⌃ Hummerbuden, Mittelland und der Binnenhafen

Heiraten

**Heiraten
an einem
besonderen
Ort**

Wer **an einem ganz besonderen Ort** heiraten möchte, kann dies auf Helgoland in zwei Hummerbuden des Museumsvereins Helgoland im Binnenhafen tun. „Grün ist das Land, rot ist die Kant, weiß ist der Sand. Das sind die Farben von Helgoland." Und darüber liegt das Blau des Himmels – besser geht es kaum. Nur schriftliche Anfragen werden beantwortet und Termine nach Vereinbarung getroffen. Kontakt: Standesamt, Lung Wai 28, 27498 Helgoland, standesamt@gemeinde-helgoland.de, www.helgoland.de. Die Helgoland Touristik ist bei der Planung der Anreise und Unterkunft behilflich. Es gibt auch spezielle Arrangements für Hochzeitspaare.

Hunde

**Keine gern
gesehenen
Gäste**

Hunde sind auf Helgoland **nicht gern gesehen,** zu dicht ist das Leben zwischen Mensch und Hund auf der kleinen Insel. Deshalb gilt genereller **Leinenzwang.** Nur am sogenannten „Kringel", der unbebauten Fläche auf dem Mittelland, dem südlich davon gelegenen unbebauten Hafengelände und am Nord-Ost-Strand bei der Jugendherberge gibt es **Auslaufflächen** für Vierbeiner. Im besonders gekennzeichneten Trinkwasserschutzgebiet, am Südstrand und auf der gesamten Helgoländer Düne gilt **grundsätzliches Hundeverbot.** Wer mit dem Hund im Flugzeug anreist, muss die Düne auf dem kürzesten Weg verlassen. An zehn Standorten auf der Insel gibt es Hundetüten, um die Hinterlassenschaften zu verstauen und fachgerecht zu entsorgen. Zuwiderhandlungen werden mit hohen **Geldbußen** bis zu 250 Euro belegt. Wer die Leinenpflicht verletzt, kann mit einem Bußgeld in der selben Höhe rechnen. Viele Unterkünfte sind allergikerfreundlich. Es ist empfehlenswert, im Vorfeld zu klären, ob man als Gast mit dem Vierbeiner willkommen ist.

▷ Der Strand auf der Düne ist für Kinder der beste Spielplatz

2

Internet

Inzwischen bieten viele Vermieter einen Internetzugang an, in Hotels ist er meist kostenpflichtig, bei Ferienwohnungen in der Regel inklusive. Wer auf einen Internetzugang angewiesen ist, sollte sich vorher erkundigen, ob WLAN vorhanden ist oder sich einen entsprechenden Zugang über einen Mobilfunkanbieter besorgen. Einen Überblick über kostenlose WLAN-Zugänge auf Helgoland findet man auch über die Website **https://helgoland. freifunk.net.**

Kinderspielplätze

Keine typische Kinderinsel

Es gibt **drei Spielplätze** auf Helgoland: auf dem Unterland am Südstrand, an der Lesehalle (Südstrand 248 A) beim Nord-Ost-Hafen und auf der Düne am Nordstrand. Ansonsten ist natürlich der **Strand auf der Düne** für Kinder das beste Revier zum Spielen.

helgo_005 rh

Kirchen

Zwei Gottes- häuser

Beide Kirchen befinden sich auf dem Oberland. **St. Nicolai** (ev.) ist weithin sichtbare mit dem spitzen Turm. Die katholische Kirche **St. Michael** liegt ganz in der Nähe. Die Programme beider Kirchen werden im Veranstaltungskalender bekannt gegeben und sind auch im Internet zu finden.

■ **Ev.-luth. Kirchengemeinde St. Nicolai,** Schulweg 648, Tel. 04725/301, www.kirche-helgoland.de, Gottesdienst So 10 Uhr.
■ **Röm.-kath. Gemeinde St. Michael,** Karkiar-Spichal-Goat 584, Tel. 04725/7277, www.erzbistum-hamburg.de, Gottesdienst So 10 Uhr, Abendandacht Mi und Fr 18 Uhr, im Sommer auch Sa 18 Uhr.

Kultur

Sommer- programm

Schon in der Vergangenheit war Helgoland Reiseziel zahlreicher berühmter Künstler, und daran hat sich prinzipiell wenig geändert. Bildende und darstellende Virtuosen ihrer Zunft beteiligen sich vor allem an einem jährlichen Sommerprogramm mit **Musik, Lesungen, Straßentheater, Vorträgen** und dergleichen sowie auch schöpferischen Ideen als „erlebbarer Kunst". Gäste dürfen zudem mit einem anspruchsvollen Konzertprogramm rechnen. Ein **kulturhistorischer Themenweg** informiert über verschiedene Künstler, die im Lauf der Geschichte auf Helgoland waren. Infos dazu sowie eine Karte mit den einzelnen Stationen gibt es in der Helgoland Touristik.

◁ Die evangelische Kirche St. Nicolai und der Friedhof

2

Kurgast auf Helgoland

**Kur-
mittelhaus**

Die Seeluft und das gesunde Klima fern ab vom Festland bieten ideale Bedingungen für einen **Kuraufenthalt auf Helgoland.** Besonders für Allergiker und bei chronisch an den Atemwegen oder der Haut erkrankten Menschen kann ein längerer Aufenthalt positive Wirkung zeigen. Das **Kurmittelhaus** liegt unmittelbar neben dem Schwimmbad, verfügt über 36 Appartements und diversen Wellness-Einrichtungen. Mehr dazu gibt es im Internet unter www.kurmittelhaus-helgoland.de.

**Kurtaxe
und Helgo-
land-Card**

Egal, ob ein Urlaub der Grund für einen Besuch der Insel Helgoland ist oder eine Rehabilitationsmaßnahme, wie heute die frühere Kur genannt wird: **Jeder muss Kurtaxe zahlen** – ausgenommen sind beruflich bedingte Aufenthalte, für die sich bei der Helgoland Touristik eine Befreiung von der Zahlungspflicht beantragen lässt. Dort bekommt man auch die **Helgoland-Card,** wie die Kurkarte genannt wird, oder der Vermieter füllt sie aus und leitet den fälligen Betrag an die Gemeindeverwaltung wei-

252he mna

ter. Der Kurbeitrag wird verwendet, um die Badestrände zu säubern und zu bewachen, Parkanlagen zu pflegen, öffentliche Toiletten bereit zu stellen und den Urlaubern verschiedene Unterhaltungs- und Sportprogramme zu bieten. Knapp 50 Mitarbeiter der Kurverwaltung sorgen dafür, dass alles zur Zufriedenheit der Gäste funktioniert.

Die aktuellen Entgelte für die Helgoland-Card sind auf der Website www.helgoland.de zu finden. Die **Kurabgabe** müssen Erwachsene ab dem 18. Lebensjahr zahlen, während der Saison sind das 2,75 €, außerhalb 1,50 €, Schwerbehinderte ab GdB 70 sind befreit.

UNSER TIPP: Tragen Sie die **Helgoland-Card** für mögliche Kontrollen immer bei sich. Außerdem bekommt man damit bei verschiedenen Einrichtungen Preisnachlässe, beispielsweise im Schwimmbad, im Museum Helgoland oder bei der Miete von Strandkörben auf der Düne. Informationen dazu gibt es in der Helgoland Touristik.

⌄ Nordostland mit dem Kurmittelhaus

Polizei

Notruf 110

Die Polizeistation – auf Helgoland ist die **Wasserschutzpolizei** zuständig – befindet sich am Südhafen in der Hafenstraße 1078, Tel. 04725/800854-0, Notruf 110, helgoland.wspst@polizei. landsh.de.

Post

Postfiliale

Die **27498** ist die Hauptpostleitzahl für Helgoland und sollte für die Urlaubsadresse grundsätzlich genutzt werden. Zusätzlich gibt es für andere Zwecke noch weitere 13 Postleitzahlen. Die Post wird nicht ausgetragen, sondern muss im Postfach abgeholt oder postlagernd zugeschickt werden. Die **Postfiliale** befindet sich auf dem Unterland beim Zeitschriftenladen von Marion Lunter in der J.-A.-Siemens-Terrasse 172.

Zollpostamt

UNSER TIPP: Alle Sendungen, die über ein schlankes Briefformat hinausgehen, müssen, um Schmuggel per Post zu verhindern, über das **Zollpostamt** geleitet werden, da auf Einkäufe auf Helgoland **keine Mehrwertsteuer** erhoben wird. Die Sendung ist deshalb offen einzuliefern, wird von den Beamten inspiziert und mit einem grünen Zollsiegel versehen. In den offiziellen Broschüren ist darüber nichts verzeichnet, wer sich oder anderen jedoch eine das Briefformat überschreitende Sendung zuleiten möchte, kommt um den Zoll nicht herum und sollte deshalb darüber informiert sein. Das Zollamt (Tel. 04725/1537) befindet sich am Südstrand 1 gegenüber dem Hotel Rickmers Insulaner. Öffnungszeiten: Mo–Do 8–12, 13–16 Uhr, Fr. 8–12 Uhr.

> Leuchtturm im warmen Abendlicht

Presse

Eine eigene, unabhängige Tageszeitung gibt es auf Helgoland nicht, dafür sind die üblichen Tageszeitungen und Magazine des Festlands erhältlich. Man sollte sich jedoch darauf einstellen, nicht morgens schon zum Frühstück die tagesaktuelle Ausgabe kaufen zu können. Wie fast alle Waren kommen die Zeitungen per Flugzeug oder Schiff, und das dauert eben etwas länger.

Während der Saison liegt täglich die kleine **Inselzeitung „Iip Lunn"**, kostenlos an vielen Stellen auf der Insel aus, oder man lässt sie sich gleich per E-Mail (a.strutz@kurvewaltung-helgo

260he erna

2

land.de) zuschicken. Dort ist auch der jeweils aktuelle Veranstaltungskalender abgedruckt.

Gelegentlich erscheinen bei aktuellen Themen auch Berichte in der **Niederelbe-Zeitung** (www.nez.de), z. B. über die Zugvogeltage und anderes.

Der gleiche Verlag gibt nunmehr bereits seit 53 Jahren auch monatlich die Abonnement-Zeitschrift **„Der Helgoländer"** heraus, die auch als E-Paper erhältlich ist. Das Magazin berichtet über Geschichte, Kultur und andere aktuelle Themen. Man kann es direkt beim Verlag bestellen oder auch auf der Insel für 1,85 € kaufen, das Jahresabo kostet 26,40 €. Infos unter www.nez.de, Cuxhaven-Niederelbe Verlagsgesellschaft mbH & Co. KG, Kaemmererplatz 2, 27472 Cuxhaven.

Internet-radio

„The Rock! Radio Helgoland", neben Internetradio sind auf der Website auch die aktuellen Schiffspositionen auf Helgoland zu sehen. www.radiohelgoland.de, Lungwai 27, 27498 Helgoland, Tel. 04725/6404090, info@radiohelgoland.de.

☑ Ein beliebtes Törnziel: der Südhafen auf Helgoland

250he mna

Ruhezeiten

**12.30–13.30
und
22–8 Uhr**

Von 22–8 Uhr und 12.30 bis 13.30 Uhr soll es auf Helgoland **still** sein – mit Ausnahme der ausgewiesenen Gewerbegebiete. Dann darf kein Bau- oder Maschinenlärm die Ruhe stören, auch Singen, Musikdarbietungen und lautes Schreien sind untersagt.

Sport

Angeln

Besser ist es, wenn man einen **Angelschein** hat. Wer aber keinen hat und mal vom Ufer aus sein Glück versuchen möchte, bekommt im Ordnungsamt eine Ausnahmegenehmigung (Rathaus, Lung Wai 28, Tel 04725/80841). In den **Naturschutzgebieten** (siehe Karte „Naturschutzgebiete") ist Angeln streng verboten.

Angelfahrten mit dem Boot lassen sich wetterabhängig von Mai bis September auf Anfrage bei *Klaus Grahmann jun.* in den Hummerbuden buchen. Ausfahrten mit der MS Uranus unter Tel. 04725/7332 oder mobil 0172/7344641.

Bolzplatz **Im Grünbereich des Mittellandes** (hinter der Paracelsus-Klinik). Dort wird auch gegrillt und gepicknickt.

Boule „Allez les boules" – Die Kugeln rollen auf dem öffentlichen **Bouleplatz im Kurpark** mittwochs und samstags ab 17 Uhr, Gäste sind herzlich willkommen. Boulekugeln können ausgeliehen und auch private Turniere veranstaltet werden. Ansprechpartner sind *Beate und Dag Richter,* Tel 04725/8008360, bea.richter@t-online.de, www.bouleaufhelgoland.de.

Fitness Das im Kurmittelhaus gelegene **Fitness-Studio** „Fit & Fun" ist ganzjährig geöffnet Mo, Mi, Fr 9–12 Uhr, Mo– Fr 17–21 Uhr, Sa

16–19 Uhr, So 10–13 Uhr; Kurpromenade 6, Tel. 04725/800707, www.kurmittelhaus-helgoland.de.

Gymnastik/ Aquafit

Von Juni bis September kann man an den Stränden der Düne und im Meerwasserschwimmbad mare frisicum an **kostenlosen Gymnastikprogrammen** teilnehmen. Die genauen Zeiten sind im Veranstaltungsprogramm zu finden (erhältlich auch in der Helgoland Touristik im Rathaus, Lung Wai 28).

Minigolf

Von März bis Oktober kann im **Kurpark** im Miniformat gegolft werden. Öffnungszeiten und Preise siehe Aushang. Infos unter Tel. 0173/2828211.

⌃ Segelsport: Boote für die Optimisten-Regatta am Südstrand

Schwimm-bad

Helgolands Schwimmbad heißt **mare frisicum Spa Helgoland,** liegt auf dem Nord-Ost-Gelände und bietet ganzjährig ein beheiztes Innenbecken und von Mai bis Oktober auch ein Außenschwimmbecken sowie einen Plantschbereich für die Kleinsten an. Auf der Dachterrasse gibt es einen Whirlpool und die Saunalandschaft mit Ruhebereich, teilweise sogar Meerblick. Die Öffnungszeiten variieren und können dem Aushang entnommen werden. Weitere Infos an der Schwimmbadkasse unter Tel. 04725/814611 und unter www.helgoland.de.

■ **Preise für 2 Std.:** Kinder (bis 16 J.) zahlen 3,50 €, Erwachsene 5,50 €, Familien (2 Erw., mind. 1 Kind) 14 €, jeweils für 2 Std.

250he rina

2

■ **Tageskarten** kosten entsprechend 7,50, 10 und 26 €. Für Inhaber der Helgo-land-Card gibt es auf die Tageskarte 2 € Nachlass. Außerdem diverse Sondertarife.

■ **Preise Sauna:** Erwachsene 12 €, Familien (2 Erw., mind. 1 Kind) 26 €, jeweils für 4 Std.

■ **Tageskarten Sauna:** Erwachsene 20 €, Familien (2 Erw., mind. 1 Kind) 38 €.

Schach

Ein **öffentliches Schachbrett** ist im Kurpark zu finden.

Schießen

In der Nordseehalle gibt es einen **Schützenkeller.** Infos unter Tel. 04725/640788.

Segeln

Aufgrund seiner Besonderheit als Hochseeinsel ist Helgoland unter Seglern ein beliebtes Ziel. **Segelkurse** bietet die Hochsee-Yachtschule Helgoland an, Tel. 04725/800777 oder mobil 0174/9196059. Siehe auch „Anreise", „Mit dem eigenen Boot".

Surfen und Kajak-fahren

Eine Surfmöglichkeit gibt es am **Nordstrand der Düne,** ansonsten ist Wassersport wegen der Naturschutzgebiete kaum möglich. Im Sommer kann man am Nordstrand der Düne Kajaks und Surfbretter mieten.

Tauchen

Aufgrund der naturschutzrechtlichen Bestimmungen ist das Tauchen rund um Helgoland und an der Düne **nicht erlaubt.**

Tennis

Zwei Tennisplätze mit Kunststoffbelag liegen etwas versteckt hinter der Nordseehalle (Museum). Infos und Buchung bei Heiner Stepper, Tel. 04725/1225, mobil 0175/5621454. Zeiten, Termine und Preise auf Anfrage.

Trampolin-springen

Am Minigolfplatz auf dem Nord-Ost-Gelände ist während der Saison eine **Trampolinanlage** aufgebaut. Kontakt über R. Köhl-ke, Tel. 0173/2828211.

◁ Das Schwimmbad mare frisicum

Strände

Südstrand und Nordstrand

Auf der Düne kann man an zwei Stränden plantschen und schwimmen gehen. Am **Südstrand** ist familienfreundliches und ruhiges Wasser zu finden, während am **Nordstrand** die gischtende Brandung lockt. Auch ein textilfreier (FKK) bzw. „mixed"-Bereich ist ausgewiesen. Die Strände sind während der Saison bewacht und es gelten **Badezeiten.** Bitte beachten Sie die deutlichen **Bade- und Warnsignale.** Die roten Bojen markieren den Schwimmbereich. Ist die DLRG-Flagge auf dem Wachtturm gehisst, passen die Rettungsschwimmer auf den Strand auf. Zwei rote Bälle signalisieren, wenn Badeverbot gilt, z. B. wegen starken Winds.

Strandkörbe

Sowohl an beiden Dünenstränden als auch im Schwimmbad kann man **Strandkörbe ausleihen.**

- Tageskarte Mai, bis Mitte Juni, Mitte Sept. bis Mitte Okt: 6 €
- Tageskarte Mitte Juni bis Mitte September: 7 €

249he mna

- Halbtageskarte (ab 15 Uhr) Mai bis Okt.: 5 €
- Wochenkarte Mai bis Mitte Juni, Mitte September bis Mitte Oktober: 36 €
- Wochenkarte Mitte Juni bis Mitte September: 40 €
- Saisonstrandkorb (übertragbar): 285 €

Unterhaltung

Auf Helgoland tut die Gemeinde einiges, um Besuchern und Einheimischen ein buntes Unterhaltungsprogramm für jeden Geschmack anzubieten. Besonders viel tut sich natürlich während der Saison. Die Termine sind tagesaktuell im kostenlosen Inselblatt „Iip Lunn" sowie dem Veranstaltungskalender im Internet zu finden (www.helgoland.de) oder werden per Aushang bekannt gegeben. Das gilt für alle unten aufgeführten Veranstaltungen (siehe auch „Veranstaltungen").

☑ Zwei Strandkörbe im hellen Sand der Düne

James Krüss – Poet, Geschichtenerzähler und Herausgeber

Der wohl berühmteste Inselsohn wurde als *James Jacob Hinrich Krüss* am 31. Mai 1926 auf Helgoland geboren, wo er seine Kindheit verbrachte. Die Zeit auf der Insel prägte ihn stark und er wuchs mit den beiden Muttersprachen Hochdeutsch und Halunder auf. Schon früh zeigte sich seine unglaubliche **Lust mit der Sprache zu spielen, zu reimen und zu fabulieren.** Er selbst stellte fest, dass sich auf kleinen Inseln mit wenig Auslauf selbst das magerste Talent zur Fantasie bis an seine äußersten Grenzen ausbilden würde. „Und um das graue Gleichmaß von Ort und Zeit mit Farben zu beleben, tupft man Geschichten in den Tag. Da gedeihen dankbare Zuhörer und wirkungsvolle Erzähler ... Ich entwickelte beide Talente, das zum Zuhören und das zum Erzählen: Ohr und Auge waren geschichtengierig und ich schwindelte vollendet" (Zitat aus *Bettina Herres* Buch „James Krüss – Der Meister der Phantasie", Carlsen Verlag, Hamburg 2001). Dass er seine Insel liebte, kann man an diesen wenigen Zeilen erkennen.

„Irgendwo ins grüne Meer
Hat ein Gott mit leichtem Pinsel
Lächelnd, wie von ungefähr,
Einen Fleck getupft: Die Insel."

Nach seinem Mittelschulabschluss begann *James Krüss* auf dem Festland eine Lehrerausbildung. 1944 meldete er sich freiwillig zum Kriegsdienst. Zunächst war er den Ideen des Nationalsozialismus gegenüber noch aufgeschlossen, aber spätestens nach dem Krieg änderte er seine Überzeugung vollständig. 1946 setzte er in Lüneburg sein Lehramtsstudium fort und ver-

öffentlichte sein erstes Buch „Der goldene Faden". 1948 machte er sein Examen als Volksschullehrer, war in diesem Beruf allerdings nie tätig. Stattdessen zog er 1948 in die Nähe von Hamburg, wo er als **freier Schriftsteller und Journalist** arbeitete. Im selben Jahr noch gründete er die Zeitschrift „Helgoland. Ein Mitteilungsblatt für Halunner Moats", um bis 1951 für die auf dem Festland verstreut lebenden Helgoländer zu schreiben.

1949 zog *James Krüss* in die Nähe von München und lernte dort auch *Erich Kästner* kennen. Der erkannte sein Talent und ermutigte ihn stark, sodass er sich entschied, **Kinderbuchautor** zu werden. Er selbst sagte, dass er das „aus Spaß!" mache, weil er es liebte, seiner Fantasie freien Lauf zu lassen. So entstanden zahlreiche unterhaltsam lehrreiche Geschichten und Gedichte. *James Krüss* nahm Kinder stets ernst und wollte ihnen die Welt erklären und sie dazu ermuntern, ihren eigenen Weg zu finden. Er wollte aber keine heile Welt vorspielen, sondern auch zeigen, wann das Gute anfängt, böse zu werden. Er gibt Hoffnung, weil List und Klugheit in seinen Geschichten über Macht und Gewalt siegen. Ein schönes und kurzes Beispiel für seine „gesponnenen" Reime ist dieses Gedicht:

Wenn die Möpse Schnäpse trinken,
Wenn vorm Spiegel Igel stehn,
Wenn vor Föhren Bären winken,
Wenn die Ochsen boxen gehen,

Wenn im Schlafe Schafe blöken,
Wenn im Tal ein Wal erscheint,
Wenn in Wecken Schnecken stecken,
Wenn die Meise leise weint,

Wenn Giraffen Affen fangen,
Wenn ein Mäuslein Läuslein wiegt,
Wenn an Stangen Schlangen hangen,
Wenn der Bieber Fieber kriegt,

Dann entsteht zwar ein Gedicht,
aber sinnvoll ist es nicht!

James Krüss' erster Erzählband „Der Leuchtturm auf den Hummerklippen" erschien 1956. Richtig bekannt wurde er 1960, als er für „Mein Urgroßvater und ich" mit dem Deutschen Jugendbuchpreis ausgezeichnet wurde. 1962 veröffentlichte er sein inzwischen mehrfach verfilmtes Buch „Timm Thaler oder das verkaufte Lachen".

1966 zog *James Krüss* mit seinem Lebenspartner *Dario Francesco Perez Rodriguez* in das kleine Dorf La Calzada auf der spanischen Insel Gran Canaria. Mit diesem Schritt wollte er sich den Diffamierungen aufgrund seiner Homosexualität entziehen, die damals in Deutschland noch unter Strafe stand. Er arbeitete weiterhin als Erzähler, Übersetzer, Herausgeber und Illustrator, unternahm zahlreiche Reisen und kam häufig zu Lesungen, Preisverleihungen und Messen nach Deutschland zurück. 1984 erlitt *James Krüss* einen Herzinfarkt, der ihn zu einem ruhigeren Leben zwang. 1986 erhielt er die **Ehrenbürgerwürde Helgolands.** James Krüss starb am 2. August 1997 in seinem Haus auf Gran Canaria und wurde am 27. September 1997 vor Helgoland auf See bestattet.

Das **Museum Helgoland** zeigt viele Ausstellungsstücke über sein Leben und Werk. Das Kernstück des schriftstellerischen Nachlasses – 700 seiner Kinderbücher in vielen Sprachen – wurde 1971 anlässlich seines 75. Geburtstags der „Internationalen Jungendbibliothek" in München übergeben. Vieles davon ist im „James Krüss Turm" des Blutenburger Schlosses zu sehen.

Mehr Informationen über James Krüss gibt es auf **www.jameskruess.de.**

⌄ Bücher von James Krüss am Museum Helgoland

222he mna

Büchereien

Die **Gemeindebücherei** ist am Nord-Ost-Hafen zu finden. Die Öffnungszeiten und Termine für Veranstaltungen sind vor Ort ausgehängt. Tel. 04725/7657, buecherei-helgoland@t-online.de. Am Anleger auf der Düne gibt es zudem einen **Leseraum**.

Traditionelle Feste und Gedenktage

Die genauen Termine für Feste und Gedenktage sind tagesaktuell im **Veranstaltungskalender** aufgeführt (www.helgoland.de).

■ **Das „Wensken":** Kinder (vormittags) und Erwachsene (nachmittags) wünschen den Frauen von Freunden und Verwandten ein gutes neues Jahr (1.1.)
■ **Tag der Inselfreigabe** (1.3.)
■ **Gedenken an den „Big Bang",** den Zerstörungsversuch der Insel (18.4.)
■ **Ostersamstag:** Osterfeuer auf der Düne
■ **Saisoneröffnung:** mit Börtebooten wird mit einem offiziellen Akt die „Flagge zur Düne" gebracht (1.4.)
■ **Helgoländer Inselfest** (12.7.)
■ **Gedenktag anlässlich des Wechsels der Staatsangehörigkeit** von Großbritannien zum damaligen Deutschen Reich 1890 (10.8.) mit Börteboot-Regatta.

Kino und Open-Air-Filme

Während der Saison wird der **Musikpavillon** zum Kino und in der **Nordseehalle** gibt es ein digitales Hochseekino. Alle Vorführrungen sind im aktuellen Aushang aufgeführt sowie im Veranstaltungskalender (www.helgoland.de).

253he mna

248he mna

Kleinkunst

Während der Saison finden in der Nordseehalle **Chanson-, Lieder- und Kabarettabende** statt.

Konzerte

Im Sommer ist der **Musikpavillon** die perfekte **Freilichtbühne.** Vor allem die Konzerte mit Seemannsliedern des traditionellen **Shanty-Chors „Helgoländer Karkfinken"** sind empfehlenswert (www.karkfinken.de).

Tanzen

■ **Nordseehalle (Museum):** Gelegentlich finden hier sporadische größere Veranstaltungen statt.
■ **Tanzdarbietungen** finden im Sommer auch beim Musikpavillon statt auf der Landungsbrücke statt. Die Helgoländer Trachten- und Volkstanzgruppe führt regelmäßig traditionelle Tänze auf.

⌃ Der Shanty-Chor Karkfinken

⌃ Training für die Börteboot-Regatta

Unterkunft

Knapp 2800 Gästebetten

Unter den **knapp 2800 Helgoländer Gästebetten** in Hotels, Pensionen, Appartements, Privatzimmern und dem Campingplatz ist für jedes Budget etwas dabei. Da das Angebot begrenzt ist, empfiehlt es sich, insbesondere zur Hauptsaison und in den Ferienzeiten **frühzeitig** eine Unterkunft zu buchen.

Ruhig, ein primäres Helgoländer Kriterium, sind die Häuser durchweg alle. Schön ist natürlich ein Seeblick aus dem Schlafzimmer, doch meist sind die Quartiere mit Seeblick ein gutes Stück teurer. Aber Distanz ist kein verteuernder Faktor; auf Helgoland liegt alles nah beieinander und auch das Oberland lässt sich mit dem gebührenpflichtigen Aufzug selbst mit Gepäck schnell und gut erreichen. Eines sollte man jedoch auf Helgoland nicht erwarten: viel **Platz.** Der Raum auf dem kleinen Eiland ist begrenzt und deshalb wurde und wird versucht, so viele Zimmer wie möglich für Gäste bereitzuhalten. Entsprechend eng kann es werden. Gerade ältere Unterkünfte oder Ferienwohnungen sind nicht unbedingt auf dem für das Festland selbstverständlichen Standard, so dass man keine allzu großen Erwartungen an die Größe der Räumlichkeiten haben sollte.

Unterkunft buchen

Gastgeberverzeichnis

Einzelheiten zu Helgolands Unterkünften sind im **Gastgeberverzeichnis** der Insel zu finden, das auch als Online-Katalog erhältlich ist unter www.helgoland.de. Über die entsprechenden Kontaktdaten der Unterkünfte kann man sich vor dem Urlaub bereits informieren, ob sie im gewünschte Zeitraum noch frei sind und das Angebot den individuellen Wünschen entspricht. Es lässt sich auch direkt über die **Kurverwaltung Helgoland** buchen unter Tel. 04725/8137-0, info@helgoland.de und zimmer vermittlung@kurverwaltung-helgoland.de. Die Helgoland Touristik organisiert auf Wunsch auch die Hin- und Rückreise per Seebäderschiff, Katamaran oder Flugzeug. Viele Vermieter bieten die Buchung der Unterkunft auch über die gängigen Online-Plattformen an.

Preise

Das Helgoländer Unterkunftsangebot unterscheidet sorgfältig zwischen Herbergen auf dem Unter- und auf dem Oberland. Ein

Bungalow-Dorf auf der Düne ist neu hinzugekommen und man wohnt dort in bunten komfortablen Holzhäusern in unmittelbarer Nähe zum Strand. Schon etwas älter sind die „klassischen" **Robinsonhütten** mit weniger Komfort, dafür sind sie preisgünstiger zu haben. Allerdings ist geplant, diese aus der Vermietung zu nehmen und durch Bungalows zu ersetzen. Der **Campingplatz** liegt ebenfalls auf der Düne. Die Preise der Unterkünfte erscheinen häufig teuer, aber man darf nicht vergessen, dass die Ver- und Entsorgung auf der Insel ein aufwendiges und kostspieliges Unterfangen ist. Alles muss per Schiff auf transportiert werden und der Müll wird mit dem Entsorgerschiff *MS Björn M* ans Festland nach Wischhafen gebracht. Sogar das Trinkwasser wird auf Helgoland selbst produziert: Eine eigene Entsalzungsanlage bereitet das Nordseewasser auf, eine ebenfalls aufwendige und kostspielige Angelegenheit. Im Zweifelsfall sollte man nachfragen, um sicher zu sein, was die Unterkunft tatsächlich kostet. Wer nur kurzzeitig für ein oder zwei Nächte unterkommen will, muss meist einen Aufschlag zahlen.

Unterkünfte – Preiskategorien im Buch

① 30–50 €
② 50–70 €
③ 70–90 €
④ über 90 €

Die im vorliegenden Reiseführer aufgeführten **Preiskategorien** gelten für die Haupt- bzw. Hochsaison (HS), die von einem Etablissement zum anderen variieren kann, aber generell am 1. Mai beginnt und zumeist irgendwann im September oder Oktober endet. Die genauen Daten sind in der Gastgeberliste verzeichnet, aber es ist besser, vor der Buchung noch einmal genau nachzufragen.

Hotels und Pensionen

Gastgeberverzeichnis

Die nachfolgenden Unterkünfte sind nach Alphabet geordnet und nicht gewertet. Das offizielle Gastgeberverzeichnis gibt einen guten Überblick, ist aber nicht unbedingt vollständig. Viele Hotels bieten auch Appartements an. Es wird zwischen Unterkünften im Unterland und im Oberland unterschieden, die im Oberland sind gelegentlich etwas günstiger.

In der nachstehenden Liste beziehen sich die vorangestellten **Ziffern** auf die Verortung der Betriebe in der **Karte „Helgoland Unterkunft".**

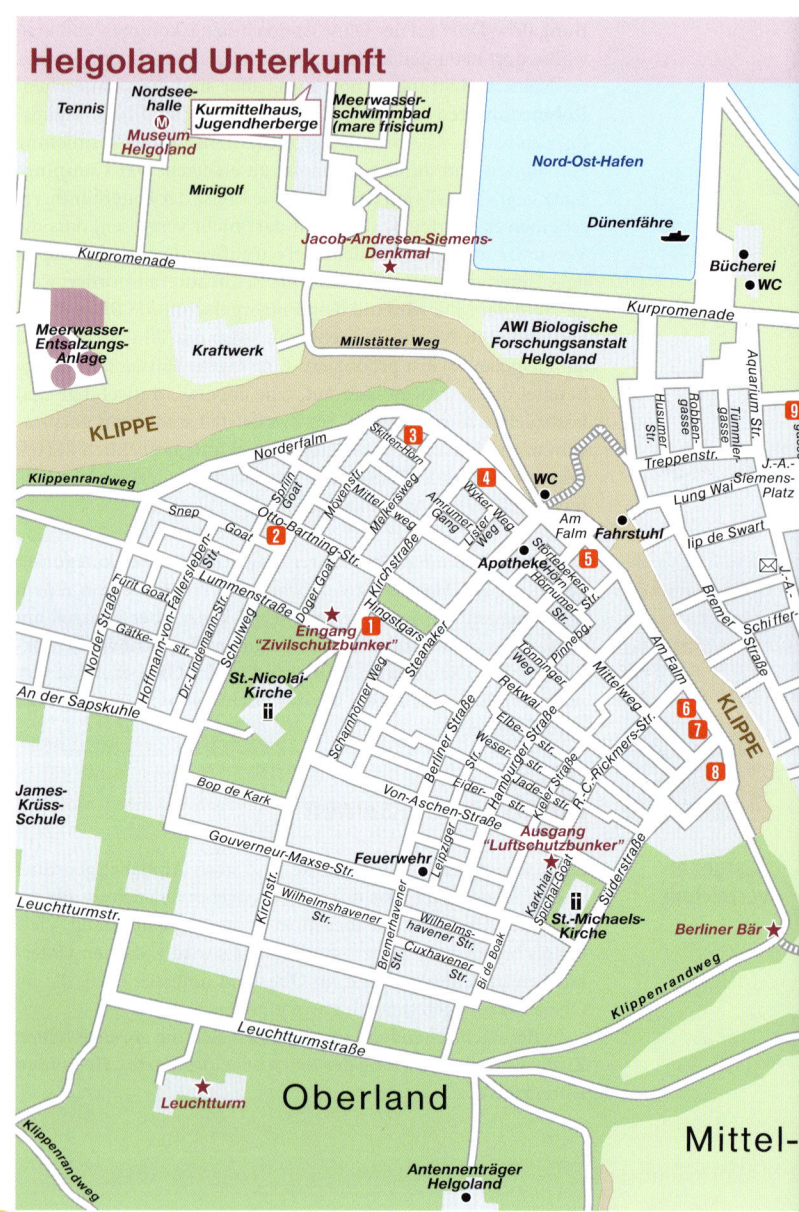

Helgoland Unterkunft

Tennis

Nordsee-halle
Ⓜ
Museum Helgoland

Kurmittelhaus, Jugendherberge

Meerwasser-schwimmbad (mare frisicum)

Nord-Ost-Hafen

Minigolf

Jacob-Andresen-Siemens-Denkmal ★

Dünenfähre

Kurpromenade

● **Bücherei**
● **WC**

Kurpromenade

Meerwasser-Entsalzungs-Anlage

Kraftwerk

Millstätter Weg

AWI Biologische Forschungsanstalt Helgoland

Aquarium Str.

KLIPPE

Klippenrandweg

Norderfalm

Skitterhörn

3

Robben-gasse
Tümmler-gasse
Husumer Str.

9

Snep

Spinn Goat

Mövenstr.
Mittelweg
Malkewweg

Wyker Weg

4

● **WC**

Treppenstr.

J.-A.-Siemens-Platz

Otto-Bartning-Str.

Amrumer Gang

Listerweg

Am Falm

Fahrstuhl

Lung Wai

lip de Swart

2

Goat

Kirchstraße

Steffenskers Gang

Apotheke

5

Hörn-hummel

Am Falm

J.-A.-
Bremer Straße
Schiffer-Str.

Fürft Goat

Lummenstraße

Doger Goat

Hingstgars

Steanaker

Hörnumer Str.

✉

Norder Straße

Gälke-str.

Hoffmann-von-Fallersleben-Str.

Dr.-Lindemann-Str.

Schulweg

★
1
Eingang "Zivilschutzbunker"

Pidenep

Tönninger Weg

Pidenep

Mittelweg

St.-Nicolai-Kirche
⛪

Rekwai

KLIPPE

An der Sapskuhle

Scharnhörner Weg

Berliner Straße

Elbe-Straße

Elbe-Str.

R.-C.-Rickmers-Str.

Am Falm

6
7

James-Krüss-Schule

Bop de Kark

Weser-Str.

Hamburger Str.

Jade-Str.

Weser-Str.

8

Von-Aschen-Straße

Eider-Str.

Ausgang "Luftschutzbunker"
★

Gouverneur-Maxse-Str.

Leipziger

Feuerwehr
●

Kirchstr.

Wilhelmshavener Str.

Bremerhavener Str.

Wilhelms-havener Str.

Cuxhavener Str.

Bi de Book

Kakhlar-Sandral Goat

Süderstraße

⛪
St.-Michaels-Kirche

Berliner Bär ★

Leuchtturmstr.

Leuchtturmstraße

Klippenrandweg

Oberland

Klippenrandweg

★
Leuchtturm

Mittel-

Antennenträger Helgoland

0 ▬▬▬▬ 100 m

© REISE KNOW-HOW

■ **Übernachtung**

Oberland

1 Hotel Mocca-Stuben
2 Haus Ahrens
3 Haus Rooad Weeter
4 Haus Felsen-Eck
5 Hotel Panorama garni
6 Hotel Meeresblick
7 Zum Hamburger
8 Hotel auf den
   Hummerklippen

Unterland

9 Hotel Aqua Marina
10 Hotel Helgoländer
   Klassik
11 Haus Miramar
12 Haus Nickels
13 Düne Süd
14 Hotel Helgolandia
15 Seehotel
16 Hotel Quisisana
17 Haus Hanseat
18 Strandhotel
   Helgoland
19 Gästehaus Rüm Hart
20 Haus Seeblick
21 Haus am Meer
22 Hotel Rungholt
23 Hotel Haus
   Kumm Weer
24 Hotel Hochseeinsel
25 Hotel Hüs
   Weeterkant garni
26 Hotel Rickmers
   Insulaner

2

Oberland

UNSER TIPP: **8** **Hotel auf den Hummerklippen**②-③, Am Falm 302, Tel. 04725/81400, www.hotel-hummerklippen.de. Alle Zimmer sind nach berühmten Autorinnen und Autoren benannt, die auf oder über Helgoland geschrieben haben. Sie sind modern und geschmackvoll eingerichtet. Frühstück gibt es im Timm-Tahler-Raum. 41 Betten.

2 **Haus Ahrens**①, Snep Goat 459, Tel. 04725/640368, www.helgoland-traum urlaub.de. Hier gibt es sogar Kühlschrank und Kaffeemaschine. Ganzjährig offen. Man kann auch das ganze Haus buchen. 5 Betten.

4 **Haus Felsen-Eck**②, Norderfalm 322, Tel. 04725/234, www.felsen-eck.de. Hotel garni in wunderbarer Lage direkt am Falm mit prächtigem Blick über das Unterland und auf die Düne. Das Haus liegt am Felsenrand. 19 Betten.

6 **Hotel Meeresblick**①-②, Am Falm 305, Tel. 04725/811180, www.meeres blick-helgoland.com. Das Haus gehört zum daneben liegenden Hotel und Restaurant „Zum Hamburger" und bietet einen einzigartigen Blick über das Meer. 30 Betten.

1 **Hotel Mocca-Stuben**②, Hingstgars 447, Tel. 04725/666, www.mocca-stu ben.de. In diesem Traditionshaus gegenüber der evangelischen Kirche gab schon *Hans Albers* seine Seemannslieder zum Besten. Restaurant und Bar vorhanden; deshalb kann man auch mit Halbpension oder Vollpension logieren.

5 **Hotel Panorama garni**①-②, Am Falm 313, Tel. 04725/81330, www.pano rama-helgoland.de. Fast alle Doppelzimmer haben Meerblick und sind für Nichtraucher. Es gibt einen kleinen Aufenthaltsraum mit Bücherecke und eine Kinderspielecke. 34 Betten.

257he mna

3 **Haus Rooad Weeter**①-③, Am Falm 323, Tel. 04725/535, www.rooad weeter.de. Das Hotel bietet von der Architektur bis zum Besteck allen Fans des schlichten skandinavischen Designs und der klaren nordischen Formen ein stilechtes Ambiente mit bestem Blick aufs Meer. Sonnenbaden lässt sich im Klippenrandgarten.

7 **Zum Hamburger**①-②, Am Falm 304, Tel. 04725/811180, www.zum-hamburger.de. Freundlich eingerichtete Zimmer, die meisten mit Blick aufs Meer, die Düne das Unterland und die Reede. Das reichhaltige Frühstücksbuffet wird im hauseigenen Restaurant serviert. 9 Betten.

Unterland

21 **Haus am Meer**①-②, Am Südstrand 10, Tel. 04725/81380, www.haus-am-meer-helgoland.de. Das Hotel liegt an der Hauptpromenade direkt am Meer mit Sicht auf die Binnenreede. Man kann sich auch ein Appartement dort mieten. 21 Betten.

9 **Hotel Aqua Marina**②, Professor-Heincke-Str. 183, Tel. 04725/259, www.aquamarina-helgoland.de. Das familiär geführte Hotel liegt in unmittelbarer Nähe zur Kurpromenade, man kann Zimmer und ein Appartment im selben Haus mieten. 17 Betten.

13 **Düne Süd**①, Lung Wai 41, Tel. 04725/811180, www.duene-sued.com. Nichtraucher-Hotel im Ortskern, der Frühstücksraum kann auch als Aufenthaltsraum genutzt werden, und im ersten Stock kann man sich an einem Kühlschrank mit Getränken (gegen Berechnung) bedienen. 17 Betten.

17 **Haus Hanseat**②-③, Am Südstrand 21, Tel. 04725/663, www.hanseat-nickels-miramar.de. Unmittelbar an der Landungsbrücke bietet das Hanseat abwechslungsreiche Ausblicke auf den Hafen, die Reede und das touristische Geschehen. 35 Betten.

10 **Hotel Helgoländer Klassik**②-③, Kurpromenade 36, Tel. 04725/81390, www.hotel-helgolaender-klassik.de. Schöne Lage direkt am Meer. Die Gestaltung orientiert sich am Design der Zeit des Wiederaufbaus in den 1960er-Jahren. Die Farbgestaltung richtet sich nach dem Helgoländer Farbkonzept des Künstlers *Johannes Ufer*. 46 Betten.

14 **Hotel Helgolandia**②, Friesenstr. 56, Tel. 04725/346, www.hotel-helgolandia.de. Kleines Hotel unter französischer Führung. Unten im Haus befindet sich das Restaurant „Börte Stuben". 14 Betten.

24 **Hotel Hochseeinsel**②, Am Südstrand 6, Tel. 04725/800 78 48, www.hotel hochseeinsel.de. Familiär geführtes gepflegtes Haus direkt am Südstrand. Alle Zimmer und auch die Sonnenterrasse bieten einen traumhaften Blick auf Meer, Reede und Düne. 25 Betten.

25 **Hotel Hüs Weeterkant garni**①-②, Am Südstrand 5, Tel. 04725/8170, www.weeterkant.de. Auch hier hat man den Blick aus der ersten Reihe direkt auf das Meer und die Düne. Das Hotel ist familiär geführt. 20 Betten.

☐ Hotels am Südstrand

UNSER TIPP: **23** **Hotel Haus Kumm Weer**①, J.-A.-Siemens-Terrasse 128, Tel. 04725/378. Auf den ganzen Klimbim mit Homepage und E-Mail kann die freundliche Wirtin gut verzichten und bietet ein preiswertes Ambiente an, das dem Namen des Hauses („Komm wieder!") alle Ehre macht. Von November bis März geschlossen.

11 **Haus Miramar**②-③, Kurpromenade 34, Tel. 04725/660, www.hanseat-nickels-miramar.de. Das Hoteldesign ist im maritimen Stil gehalten und mit Blick auf Meer und Düne unmittelbar am Wasser gelegen. 28 Betten.

12 **Haus Nickels**②-③, Kurpromenade 33, Tel. 04725/554, www.hanseat-nickels-miramar.de. Der Nachbar des Miramar blickt ebenso auf See und Düne hinaus und bietet Zimmer und Apartments. Schönes Wetter lässt sich auf der großen Sonnenterrasse genießen. 16 Betten.

16 **Hotel Quisisana**②, Am Südstrand 22, Tel. 04725/81300, www.hotelquisisana.de. Die seeseitigen Zimmer verfügen über einen Balkon und Markisen und bieten einen schönen Blick auf Meer und Landungsbrücke. 20 Betten.

26 **Hotel Rickmers Insulaner**③-④, Am Südstrand 2, Tel. 04725/8141-0, www.insulaner.de. Im traditionsreichen First-Class- und Wellness-Hotel ist die Helgoländer Inselgeschichte erlebbar. Das Haus ist im Besitz der alteingesessenen Helgoländer Familie *Rickmers*. Besonders schön ist der große, ruhige Hanggarten. In den Fluren informiert die Hoteliersfamilie über die bewegte Inselgeschichte und es gibt sogar noch einen alten Versorgungstunnel, der auf Wunsch besichtigt werden kann. 86 Betten.

22 **Hotel Rungholt**②-③, Am Südstrand 9, Tel. 04725/372, www.helgoland-rungholt.de. Moderne Herberge mit verschiedenen Zimmerkategorien direkt am Meer mit Blick auf die Nachbarinsel Düne. 53 Betten.

19 **Gästehaus Rüm Hart**①-②, Friesenstraße 60, Tel. 04725/8007660, www.fischerstube-helgoland.de. Kleines Gästehaus mitten im Unterland. Ein reichhaltiges Frühstückbuffet lockt in den Tag und abends hat man einen kurzen Weg vom Restaurant Weddigs Fischerstube unten im Haus in eines der 10 Betten.

20 **Haus Seeblick**②-③, Am Südstrand 11, Tel. 04725/385, www.seeblick-helgoland.de. Dem Namen des Hotels ist nichts mehr hinzuzufügen. Der Frühstücksraum bietet einen traumhaften Blick auf die Reede. 15 Betten.

15 **Seehotel**②, Lung Wai 23, Tel. 04725/81310, www.seehotel-helgoland.de. Familiäre Betreuung gibt es hier mit Blick auf die Reede und den Hafen direkt an der Kurpromenade. Abends kann man in der Hotelbar entspannen. 30 Betten.

18 **Strandhotel Helgoland**②-③, Am Südstrand 16–17, Tel. 04725/81530, www.strandhotel-helgoland.de. Der Doppelkomplex wurde ist aufwendig renoviert. Wer kein Zimmer mit Nordseeblick hat, kann sich diesen auf der geräumigen seeseitigen Sonnenterrasse dennoch gönnen – sogar bei hausgebackenem Kuchen. 53 Betten.

▷ Geschäfte auf der J.-A.-Siemens-Terrasse

2

Insel-Info A–Z

Privatzimmer

Ab 23 €

Im Unterland gibt es gerade mal zwei Einheiten dieser Kategorie und im Oberland sieben, wobei die „oberen" durchweg etwas billiger sind: Dort findet sich schon etwas für 23 Euro pro Person. Kurzaufenthalte werden oft mit Preisaufschlag berechnet.

Apartments (Unter- und Oberland)

Viele und günstig

Diese Klasse von Herbergen macht die große Masse auf Helgoland aus. Hier muss man auch am sorgfältigsten auf Kleingedrucktes („1. Belegungstag") achten. Auf den ersten Belegungstag wird in der Regel die Endreinigung berechnet und der ist dann deutlich teurer als die Folgetage. Hat man diese Hürden hinter sich gebracht, wird man bei Pro-Kopf-Umrechnung manche **preislich recht günstige Bleibe** finden. Es versteht sich, dass man in Apartments nicht ein, zwei Tage bleibt, sondern dass hier von Wochen die Rede ist.

Die meisten Apartments sind **ganzjährig** zu beziehen und bieten außerhalb der Sommermonate zum Teil substanzielle Rabatte.

258he mna

Jugendherberge (Unterland)

**Haus
der Jugend**

Die Jugendherberge „**Haus der Jugend**" (Nord-Ost-Land 1460, Tel. 04725/341, 9–12 Uhr, www.djh-nordmark.de) liegt gut 15 Gehminuten vom Anleger entfernt, angenehm einsam inmitten von Dünen und mit einem richtigen Strand davor. Der ist allerdings nicht zum Baden geeignet. Das Oberland erreicht man über einen Treppenaufgang, den sog. Jägerstieg, der nur ein paar Schritte entfernt ist. Das Haus bietet 131 Betten in Ein- bis Sechsbettzimmern, verschiedene Spiel- und Tagungsräume, Räumlichkeiten mit Mikroskopen für Naturkundler und Ornithologen sowie einen Speiseraum. Die Vollverpflegung ist abwechslungsreich mit Buffet und sogar religionsspezifischer Ernährung (bei Buchung bitte angeben). Es gibt auch Lunchpakete auf Anfrage. Im ganzen Haus ist WLAN vorhanden. Ganzjährig für alle Altersgruppen geöffnet. Die Buchung unbedingt bestätigen lassen.

helgo2016-007 rh

Bungalows und Camping auf der Düne

Bungalow-Dorf

Im Norden der Düne befinden sich der Campingplatz mit etwa 100 Stellplätzen (nur Zelte) und ein **Bungalow-Dorf.** Die hochwertig ausgestatteten Nichtraucher-Bungalows von 34, 45 und 55 Quadratmetern Größe mit eigenem Duschbad, Küche, Satelliten-TV und überdachter, möblierter Terrasse stehen im Südwesten der Düne. Die Mitarbeiter der Bungalow-Verwaltung beraten Interessenten gern bei der Urlaubsplanung. Man sollte frühzeitig buchen.

⌄ Die Jugendherberge hat sogar einen „eigenen" Strand

1 **Bungalow-Dorf**①-②, Düne Helgoland, Tel. 04725/811251, bungalow@helgoland.de, www.helgoland.de. Die über 40 komfortabel eingerichteten Bungalows auf der Nachbarinsel Düne sind von April bis Ende Oktober in verschiedenen Größen buchbar, sodass auch Familien mit Kindern hier gut unterkommen können. Für den größten Haustyp muss man in der Hauptsaison 159 Euro pro Nacht zuzüglich 45 Euro für die Endreinigung bezahlen und sich selbst verpflegen. Die Endreinigung fällt natürlich bereits mit dem ersten Tag an, deshalb ist die erste Nacht immer teurer, Strom und Wasser sind inklusive. Die Bungalows sind komplett ausgestattet. Hier wohnt man inmitten der Dünen und hat vermutlich den kürzesten Weg von allen Unterkünften in die Natur.

Preise
■ **Bungalow-Preise** pro Einheit ab 2 Personen:
HS Mitte Juni bis Mitte September, VS/NS April bis Mitte Juni/Mitte September bis Ende Oktober, Preise abhängig von Größe/Typ, Strom und Wasser sind inklusive. Die Bungalows sind zwischen 33 und 56 m² groß:
■ **1. Nacht:** HS 159–199 €, VS/NS 135–160 €
■ **Jede weitere Übernachtung:** HS 114–154 €, VS/NS 90–115 €
■ **Jede weitere Person über 14 Jahre:** HS 20 €, VS/NS 20 €
■ **Bettwäschewechsel:** 8 €

Camping-platz

Der **Campingplatz** ist von Mai bis Mitte Oktober geöffnet. Stellmöglichkeiten für Wohnmobile und Caravans sind selbstverständlich nicht vorhanden. Zur Versorgung hat man das Dünen- und Flugplatzrestaurant (mit Einkaufsmöglichkeiten im Kiosk) in nächster Nähe, und zum Badestrand sind es nur ein paar Schritte. Wegen des Sandbodens sollte man stabile Sandheringe mit einer Länge von bis zu 30 cm in ausreichender Menge und wegen des häufig kräftigen Windes auf der Düne genügend Abspannleinen dabei haben. Es stehen sogar zwei komplett eingerichtete **Nichtraucher-Bungalow-Mietzelte** „Austi 1" und „Robbi 2" zur Verfügung (Mindestbuchungsdauer: 5 Nächte, in der Hauptsaison 7 Nächte). Sie sind bezugsfertig aufgebaut und für bis zu vier Personen voll ausgestattet, d. h. Betten bzw. Matratze mit Bettwäsche, Kochgeschirr, Kühlschrank, ein Herd (fest ans Stromnetz angeschlossen) mit zwei Kochplatten und Besteck sind vorhanden. Es gibt allerdings keinen frei verfügbaren Strom. Die sanitären Einrichtungen befinden sich in einem zentralen Gebäude. Es ist empfehlenswert, sich rechtzeitig einen Zeltplatz zu **reservieren.** Gruppen müssen sich zum Zelten, auch wenn sie nur für eine Nacht kommen, auf jeden Fall vorher anmelden. Kinder und Jugendliche dürfen nur in Begleitung von Erwachsenen kommen.

2

2 **Campingplatz,** Düne Helgoland, die Mietzelte sind buchbar über Tel. 04725/7695 und camping@helgoland.de. Mehr Informationen dazu unter www.helgoland.de.

Preise

■ Preise für die **Bungalow-Zelte** für 2 Personen: HS Mitte Juni bis Mitte September, VS/NS April bis Mitte Juni/Mitte September bis Ende Oktober (Mindestbuchungsdauer 5 Nächte), Strom für Kühlschrank und Herd inklusive:

■ **1. Nacht:** 72 €, VS/NS 55 €

■ **Jede weitere Übernachtung:** HS 46 €, VS/NS 30 €

■ **Jede weitere Person über 14 Jahre:** HS 12 €, VS/NS 12 €

■ **Bettwäschewechsel:** 8 €

■ **Camping-Preise:** HS Mitte Juni bis Mitte September, VS/NS April bis Mitte Juni/Mitte September bis Mitte Oktober:

■ Preise variieren **je nach der Größe des Stellplatzes:** HS 8–20 €, VS/NS 7–17 €

■ **pro Person über 14 Jahre und Nacht:** HS 4 €, VS/NS 4 €

☑ Bunte Ferienhäuser hinter dem Hafenbecken

254he mna

Veranstaltungen

Was auf Helgoland so los ist, kann man dem monatlich erscheinenden **Veranstaltungskalender** entnehmen, der bei allen öffentlichen Einrichtungen und bei den meisten Gastgebern gratis zur Verfügung steht. Diese Informationen sind in den **Aushängekästen** und den **elektronischen Infoterminals** zu finden. Zusätzliche aktuelle Tipps lassen sich in der täglich erscheinenden **Gästezeitung „Iip Lunn"** nachlesen, die man auch im Abo als Mail bekommen kann. Weitere Informationen unter www.helgoland.de und auf den angegebenen Websites der Veranstalter. Regelmäßig im Sommer finden Konzerte des **Shanty-Chors „Karkfinken"** und der **Trachtentanzgruppe Helgoland** statt, die aktuellen Termine sind dem Aushang und der Website der Helgoland Touristik zu entnehmen. Nachfolgende Ereignisse werden jährlich veranstaltet:

- **1. März:** Freigabetag der Insel mit Helgoländer Abend in der Nordseehalle, traditionelles Fest der Einheimischen.
- **Samstag vor Ostern:** Osterfeuer auf der Düne.
- **1. April:** offizielle Saisoneröffnung bei Wind und Wetter, dann wird die Flagge zur Düne gebracht und gehisst.
- **Ende April/Anfang Mai:** Punk-Rock-Festival „Rock'n' Roll Butterfahrt" (www.rocknrollbutterfahrt.de).
- **im Mai:** Helgoland-Marathon, Anmeldung beim VfL Fosite Helgoland (www.helgolandmarathon.de).
- **im Mai:** „Klanginsel Helgoland", eine klassische Konzertreihe in der Inselkirche St. Nikolai, die von der Gemeinde veranstaltet wird (www.kirche-helgoland.de).
- **Pfingsten:** „Nordseewoche", Segelregatten für Hochseesegler nach und um Helgoland (www.nordseewoche.org).
- **Anfang Juni:** alle drei Jahre findet das traditionelle Friesentreffen statt, wo es rund um die friesische Sprache geht – gelegentlich auch auf Helgoland.
- **Mitte Juni:** „Scheibenhafenfest" im Bereich der Hummerbuden.
- **1. Samstag im Juli:** Börteboot-Ruderregatta.
- **im Juli:** Tag der Seebäderdienste, ein traditionelles Fest für die Einheimischen
- **im Juli:** „Inselfest" rund um den Siemens- und den Rathausplatz mit Live-Musik, Gaukler-Vorführungen, Spielen, Speisen und Getränken.
- **Ende Juli:** Gastspiel des Theater „Schenefeld" in der Nordseehalle an zwei Abenden.
- **Ende Juli und Mitte August:** Sandburgenbau-Wettbewerbe auf der Düne.

■ **Juli oder August:** „Opti-Cup", das weltweit einzige Hochseeregatta-Format für die Jüngsten im Optimistensegeln (www.opti-helgoland.de).

■ **August/September:** „Helgoländer Pappbootrennen", verschiedene Mannschaften mit selbstgebauten Booten treten am Südstrand und an der Landungsbrücke gegeneinander an.

■ **Mitte August:** Börteboot-Regatta und Brückenfest, hier treten Helgoländer und Festland-Mannschaften gegeneinander an.

■ **Mitte August:** gelegentlich „James-Krüss-Kinderfest" auf dem Rathausplatz.

■ **Mitte Oktober:** Helgoländer Vogeltage der Ornithologischen Arbeitsgemeinschaft Helgoland mit Vorträgen, Informationen rund um den Vogelzug, geführte Touren und mehr für Vogelkundler und Interessierte (www.oag-helgoland.de).

■ **2. und 3. Advent:** „Hummerbudenzauber", der Weihnachtsmarkt am Binnenhafen und an/in den Hummerbuden mit Feuer-Show und dem Besuch des Weihnachtsmanns am 3. Adventswochenende.

■ **31. Dezember/1. Januar:** kurz nach Mitternacht beginnt ein Höhenfeuerwerk (gute Aussichtspunkte sind der Falm auf dem Oberland und die Landungsbrücke im Unterland).

◰ Segelregatta mit Optimisten

3 **Helgolands Natur**

Helgoland ist nicht nur Rastplatz für tausende Zugvögel und Standort seltener Pflanzen. Das Felswatt und die Felslandschaft unter Wasser beherbergen die reichste marine Tier- und Pflanzenwelt der deutschen Küste.

◁ Basstölpel in einem Nest am steilen Felsen

Landschaftsformen

Geologische Besonderheit sorgt für große Artenvielfalt

Normalerweise wird die südöstliche Nordsee von Weichböden aus Sand und Schlick dominiert, deshalb ist die rund 40 Quadratkilometer große **bizarre Felslandschaft** Helgolands eine **geologische Besonderheit.** Nur ein kleiner Teil davon ragt über den Wasserspiegel hinaus: die etwa ein Quadratkilometer große Hauptinsel und die 0,7 Quadratkilometer große Nebeninsel Düne. Der weitaus größte Teil bleibt ständig unter Wasser. In der felsigen Übergangszone kommt und geht das Wasser im Rhythmus der Gezeiten. Auf der einen Seite stehen die Lebensbedingungen für Flora und Fauna im Wasser und am Meeresboden noch deutlich unter dem Einfluss der Festlandküste, denn über die Flüsse gelangen Süßwasser und Sedimente in die Nordsee. Auf der anderen Seite beeinflusst Wasser aus dem Atlantik die Region und die Lebensbedingungen für Tiere und Pflanzen sind

fast schon marin. An Helgolands Küste liegen **sehr unterschiedliche Lebensräume** auf engstem Raum direkt nebeneinander und so lässt sich hier eine ungewöhnliche Tier- und Pflanzenwelt mit **großer Artenvielfalt** beobachten. Deshalb ist die Insel zum idealen Stützpunkt für Naturforscher geworden (siehe Exkurs „AWI Helgoland – Forschen an der Grenze zwischen Meer und Land").

Die Hauptinsel Helgolands besteht aus Ober-, Mittel- und Unterland. Während das Unterland weitgehend künstlich angelegt wurde, ist das Mittelland durch Sprengungen der felsigen Südspitze nach dem Zweiten Weltkrieg entstanden. Helgoland ist an den meisten Stellen von einem **Felswatt** umgeben, das bei Flut aber von Wasser bedeckt ist. In diesem für Deutschland einzigartigen Lebensraum haben sich Tiere und Pflanzen perfekt an den Wechsel der Gezeiten angepasst. Der durchschnittliche **Tidenhub** beträgt etwa 2,30 Meter.

⌄ Nordstrand mit erodiertem Felsgestein

231he mna

AWI Helgoland – Forschen an der Grenze zwischen Meer und Land

Die Meeresforschung auf Helgoland hat eine lange Tradition und ist einer der ältesten Meeresforschungsstandorte Deutschlands. Bereits 1892 wurde die „Königlich Biologische Anstalt Helgoland" (BAH) gegründet. Seit 1998 befindet sie sich unter dem Dach des **Alfred-Wegener-Instituts (AWI),** Helmholtz-Zentrum für Polar- und Meeresforschung. Finanziert wird das Ganze überwiegend durch das Bundesministerium für Bildung und Forschung sowie durch die Länder Schleswig-Holstein, Brandenburg und Bremen. Die Wissenschaftler der BAH arbeiten interdisziplinär und untersuchen besonders den wachsenden Einfluss der Menschen auf Lebensbedingungen die Lebensgemeinschaften in der

Nordsee. Besonders die **globalen Zusammenhänge** sind für das bessere Verständnis wichtig. Deshalb analysieren die Wissenschaftler auch die Langzeitdatenreihen der **„Helgoland Reede"** und weiterer Institute mit auf lange Zeiträume angelegten Beobachtungen. Die Langzeitdatenreihe „Helgoland Reede" ist übrigens die detaillierteste Plankton-Messreihe weltweit mit wichtigen Informationen über die Schelfmeerökologie. Auch die Entwicklung der Nahrungsnetze bei der Veränderung von Umweltparametern stellen einen wichtigen Forschungsschwerpunkt dar. Im Institut arbeiten 60 festgestellte Mitarbeiter, hinzu kommen Doktoranden, Masterstudenten und Gastforscher.

229he mna

Es ist zwar kaum zu glauben, aber das wichtigste Forschungsgerät der Meeresbiologen ist nach wie vor der **Eimer.** Mit ihm nehmen sie täglich Wasserproben und untersuchen sie wissenschaftlich unter verschiedenen Aspekten: Temperatur, Pflanzen, Tiere und Mikroorganismen. Eine moderne Forschungsinfrastruktur stellt sicher, dass Gastforscher ideale Voraussetzungen für ihre Projekte vorfinden. Dazu gehören Labore für (bio)chemische Analytik, Molekularbiologie und Plankton-Analysen, Gastforscher und Kursräume mit Seewasserversorgung für Studenten, das Unterwasser-Experimentalfeld „MarGate" mit einer sogenannten „Unterwassersteckdose", an die verschiedene Geräte zur Messung der Temperatur, des Salz- und Sauerstoffgehalts sowie eine Kamera angeschlossen werden können. Hinzu kommt ein wissenschaftliches Tauchzentrum, in dem die Naturwissenschaftler eine Ausbildung zum Forschungstaucher machen können und das Arbeiten unter Wasser erlernen. Für Außeneinsätze stehen das Forschungsschiff „Heincke", der Kutter „Uthörn" und das Holzmotorboot „Aade" sowie weitere kleine Boote zur Verfügung. Heimathafen des zweitgrößten Schiffs der AWI-Flotte **„Heincke"** – benannt nach dem ersten Leiter des Instituts *Friedrich Heincke* – ist Helgoland. Aber dort ist das 55 Meter lange Schiff selten zu sehen, denn an rund 250 Tagen pro Jahr ist es auf See in der Nordsee und im Nordatlantik. Bis zu zwölf Meeresforscher finden an Bord Platz und vollständig eingerichtete Labore für ihre biologischen, geowissenschaftlichen und hydrografischen Forschungsprojekte.

Eines der aktuellen Projekte des AWI Helgoland trägt den Namen **RESTORE** und beinhaltet die **Wiederansiedelung der europäischen Auster,** die wegen der Überfischung und der Verbreitung der pazifischen Auster in der Nordsee stark bedroht ist. Derzeit entsteht eine Machbarkeitsstudie, in der geprüft wird, wo ideale Bedingungen für die Wiederansiedelung herrschen. Im November 2017 haben Naturschutzbehörden und -verbände, Wissenschaft und Austern-Farmer ein europäisches Netzwerk gegründet. Ziel ist es, die Bestände der heimischen europäischen Auster zu stärken und wiederanzusiedeln. Das Netzwerk ist wichtig für den Wissenstransfer zwischen einzelnen regionalen Projekten und die gemeinsame Erarbeitung von Wiederansiedelungsstrategien.

Besonders große Herausforderungen stellt das Bauprojekt **„Bluehouse".** Es handelt sich um eine **öffentliche Forschungslandschaft,** die das inzwischen geschlossene Aquarium ersetzen wird, und die Forschung selbst zum Erlebnis machen soll. Es ist geplant, verschiedene Umweltbildungsmaßnahmen und gesellschaftlich relevante Themen der Meeres- und Klimaforschung einer breiten Öffentlichkeit näher zu bringen. Dafür soll eine Kombination aus Aquarien und Forschertischen entstehen, an denen Besucher aktiv in wissenschaftliche Fragen eingebunden werden und so hautnah erleben, wie und zu welchen Themen geforscht wird. Eine besondere Herausforderung ist die Tatsache, dass das „Bluehouse" im Gebäude des in die Jahre gekommenen Aquariums entstehen und CO_2-neutral sein soll. Die dafür zu entwickelnde intelligente Altbausanierung stellt die Basis für ein Modell mit Signalwirkung für ähnlich komplexe Sanierungsaufgaben dar. Das Konzept heißt **„Greenhouse".**

UNSER TIPP: **Führungen im Tauchzentrum** sind über Helgoland Touristik buchbar. Sie finden während der Saison einmal wöchentlich samstags um 12 Uhr statt. Anmeldung bitte im Voraus unter Tel. 04725/8137-0.

◁ Schutzmauer im Wasser
vor Helgolands Inselsilhouette

3

Nebeninsel Düne

Die heutige Nebeninsel **Düne** war lange Zeit über den **de Woal,** eine schmale Landenge, mit der Hauptinsel verbunden. Noch um 1640 gab es am Nordteil der Düne das **Witte Kliff,** einen aus Muschelkalk und Kreide bestehenden Felsen. Doch durch den Abbau von Menschenhand und Bodenerosion verschwand das Kliff, und bald darauf während der **Neujahrsflut von 1721** auch die Verbindung der Düne zur Hauptinsel. Im Lauf der Zeit wurde das sandige Eiland immer kleiner und bestand 1935 lediglich aus einem Sandstreifen von 0,1 Quadratkilometern Größe. Erhalten blieb die Düne nur durch die **baulichen Maßnahmen** ab 1938, die einen militärischen Hintergrund hatten (siehe Kapitel „Helgoländer Geschichte"). Ihre heutige Form erhielt sie, weil Buhnen und Molen errichtet und Sand aufgespült wurde. Ein großer Teil der Düne besteht aus **Grau- und Weißdünen.** Weißdünen sind nur gering mit Pflanzenbewuchs bedeckt und bestehen aus reinem Quarzsand. Die flacheren Graudünen gehen aus den Weißdünen hervor, die Bodenentwicklung ist hier schon weiter fortgeschritten und der Bewuchs relativ dicht.

Lebensräume und Pflanzenwelt

Einmalige Flora und Fauna

Aufgrund der isolierten Lage Helgolands hat sich auf der Insel eine Fauna und Flora entwickelt, die als Gesamtheit höchst ungewöhnlich und **in der Deutschen Bucht sogar einmalig** ist. Als pflanzliche Besonderheiten kommen hier einige einheimische Wildformen unserer Kulturgewächse vor. Die Wilde Rübe zum Beispiel ist der Ursprung unserer heutigen Zucker- und Futterrübe, der Roten Bete und des Mangolds. Der weit über die Insel verbreitete **Helgoländer Meer- oder Klippenkohl** ist Vorläufer

Im **Café Krebs** Am Falm auf dem Oberland gibt es einen **Tee mit Klippenkohl,** und wer selbst gärtnerisch tätig sein und das Gewächs anbauen möchte, kann bei der Köchin und Kleingärtnerin *Frauke Heyel* gegen eine Spende für einen guten Zweck ein Tütchen Samen erstehen (von Aschenstraße 609, 27489 Helgoland).

3

vieler Kohlsorten. Andernorts nennt man ihn auch Gemüsekohl. Normalerweise findet man ihn an den Felsküsten des Mittelmeers und des Atlantiks. Zu seiner Blütezeit im Mai und Juni sorgt er auf Helgoland für gelbe Farbtupfer.

Das **Oberland** der Hauptinsel ist außerhalb der Bebauung von **artenarmem Grasland** bedeckt, in dem der Rotschwingel *(Festuca)* dominiert. Im Frühjahr ist es von den kleinen weißen Blüten der Pfeilkresse durchsetzt *(Lepidium draba)*. Um den Bewuchs niedrig zu halten, weiden dort Heidschnucken und Kühe, zusätzlich wird in einigen Bereichen das Gras gemäht. Wegen des starken Windes gibt es kaum Gehölze und wenn man einmal einen größeren Strauch sieht, wächst er an einer windgeschützten Stelle, wie der ganz alte Holunderbusch auf der Ostseite des Oberlands. In der vor dem austrocknenden Wind geschützten Sapskuhle liegt der Fanggarten des Instituts für Vogelforschung (siehe Exkurs „Die Vogelberingung auf Helgoland"). Dort überraschen ein üppiges grünes Dickicht aus Bäumen und Büschen sowie mehrere kleine Teiche. Der Fanggarten wurde extra so angelegt, um möglichst viele Vögel zur Rast einzuladen.

Es gibt nicht so viele größere Bäume auf Helgoland, aber auf einen sind die Helgoländer besonders stolz: ihren **Maulbeerbaum** *(Morus),* der auf dem Oberland an der Kirchstraße/Ecke Otto-Bartning-Straße wächst. Normalerweise sind diese Pflanzen außerhalb Europas in den gemäßigten Klimazonen auf der Nordhalbkugel heimisch. Aber dank des durch den Golfstrom begünstigten milden Klimas wächst und gedeiht die Pflanze auf Helgoland seit 150 Jahren und hat sogar zwei Weltkriege überlebt. Im Frühjahr ist der Baum mit kätzchenartigen Blüten bedeckt und im Herbst trägt er leckere brombeerähnliche Früchte.

An den **Felsklippen** bedeckt im Frühsommer unterhalb des Norderfalms das Blütenmeer der Roten Spornblume *(Centranthus ruber)* die steilen Abhänge. Hier wächst auch vereinzelt der Helgoländer Klippenkohl *(Brassica oleracea)*. Im Park vor dem Kurmittelhaus stehen Pflanzen, die man jedoch eher in Südeuropa erwarten würde. Eine große Anden-Tanne *(Araucaria)* begrüßt gleich am Eingang des Kurparks die Besucher. An den Wegen zum Nordstrand gibt es zudem viele Sanddornbüsche *(Hippophae rhamnoides)*. Am **Nordstrand auf dem Unterland** sind Strandhafer *(Hammophila)* und Strandroggen *(Leymus arenarius)* in großer Zahl zu finden. Dahinter stehen Dickichte der aus Asien stammenden Kartoffelrose *(Rosa rugosa),* die gepflanzt wurde, um den Sand zu befestigen. In den Sommermonaten finden sich auf Helgoland bunte Wiesen in verschiedensten Farben. Eine solche Blütenpracht sieht man auf dem Festland kaum noch, da der Nährstoffeintrag dort zu hoch ist.

Auf der **Nebeninsel Düne** wachsen vorwiegend Sanddorn, Kartoffelrosen und Silber-Ölweide *(Elaegnus commutata)*. Im Sand der Dünen sind neben vielen anderen Pflanzen meist Strandhafer und Strandroggen zu finden. Im Inneren der Düne befinden sich zwei ehemalige Wasserreservoirs. Das **Süßwasser** der beiden Teiche ist von einem zwei bis drei Meter tiefen Röhrichtgürtel umgeben. Der Flachwasser- und Uferbereich hält einen ganz besonderen Lebensraum bereit.

In der Helgoland Touristik gibt es das interessante Faltblatt **„Grün ist das Land: Ein Streifzug durch Helgolands Pflanzenwelt"**, der Interessierte mit ausführlichen Beschreibungen über 13 Stationen in Helgolands Pflanzenwelt einführt.

Einzigartig für Deutschland ist die **Unterwasserwelt im Felswatt** des Naturschutzgebiets Helgoländer Felssockel. Insgesamt sind dort mehr als 300 Algenarten nachgewiesen worden. In der Spritzwasserzone leben der Kleine Röhrentang *(Blindinga minima)* und Purpurtange *(Porphyra)*. Die obere Gezeitenzone wird vom Spiraltang *(Fucus spiralis)* dominiert. Das Felswatt bedecken Blasentang *(Fucus vesiculosus)*, Sägetang *(Fucus serratus)*

230he mna

und Meersalat *(Ulva lactuca)*, auch Meerlattich genannt. Helgolands Wälder befinden sich im Meer unterhalb der Niedrigwasserlinie. Einzigartig an der deutschen Küste liegt rund um die Insel der größte Tangwald aus Laminaria-Braunalgen in der Deutschen Bucht.

Die Tierwelt im Wasser und an Land

„Helgoländer Hummer"

Mit Helgoland verbinden viele auch den **„Helgoländer Hummer"**. Der **einzige Lebensraum** des Europäischen Hummers *(Homarus gamarus)* in Deutschland befindet sich im Meer rund um die Hochseeinsel. Eigentlich ist dieser Lebensraum für sie ein Paradies. Denn im Felswatt und im Gesteinssockel finden sich zahlreiche Spalten und Höhlen, in die sich die Hummer tagsüber gern zurückziehen. Während der Nachtstunden kommen sie wieder hervor und suchen auf den Felsen unter Wasser nach Nahrung. Dennoch ist ihr Bestand stark gefährdet, denn von der Überfischung der vergangenen Jahrzehnte hat er sich nie erholt (siehe „Helgoländer Geschichte"). Die Biologische Anstalt Helgoland (BAH), die heute unter dem Dach des Alfred-Wegener-Instituts für Meeresforschung (AWI) beheimatet ist (siehe Exkurs „AWI Helgoland – Forschen an der Grenze zwischen Meer und Land"), hat deshalb in den vergangen Jahren ein aufwendiges **Erhaltungszuchtprogramm** durchgeführt. Die wenigen autorisierten Hummerfischer, die auf Helgoland noch tätig sind, überbrachten mehrere Jahre lang tragende Hummerweibchen an die Biologen des Instituts, die aus den Eiern etwa 1200 kleine Hummer züchteten. Im Alter von einem Jahr wurden sie auf dem Felssockel wieder ausgesetzt. Die Schutzmaßnahme scheint recht erfolgreich zu sein, denn die Population hat sich leicht erholt. Auch in den **Offshore-Windparks vor Borkum** setzte man 2400 kleine Hummer aus, weil die Sockel der großen, im Meer stehenden Windräder mit Felsen befestigt wurden und diese zusätzlichen Lebensraum bieten. Hummer ernähren sich von Krebsen, Muscheln und Seeigeln oder Fischresten. Auch der

◁ Süßwasserteich auf der Düne

in den Helgoländer Gewässern häufig vorkommende Taschenkrebs *(Cancer pagarus)*, auf Helgoland **„Knieper"** genannt, zählt zu seiner bevorzugten Beute. Er knackt sie mit der größeren seiner beiden Scheren und benutzt die andere zum Fressen. Die Taschenkrebse sind vor Helgoland zahlreich vertreten, denn außer dem Hummer haben sie kaum natürliche Feinde. Deshalb hat der Knieper als gastronomische Spezialität inzwischen einen festen Platz auf den lokalen Speisekarten gefunden.

In den zahlreichen **Unterwasserzonen** des Helgoländer Felswatts ist die **Artenvielfalt** groß. Hier sind Moostierchen *(Ectoprocta)*, Seeanemonen *(Actiniaria)*, Seepocken *(Balanidae)*, Asselspinnen *(Pycnogonida)* und Flohkrebse *(Amphipoda)* zu finden, aber auch verschiedene Seeigel *(Echinoidea)*. Hier kommen auch seltenere Fischarten wie Hornhechte *(Belonidae)*, Makrelen *(Scomber scombrus)* und Meeräschen *(Mugilidae)* vor. Bestandsgefährdete Fischarten in diesem Lebensraum sind zum Beispiel der Klippenbarsch *(Ctenolabrus rupestris)* und der Nagelrochen *(Raja clavata)*.

Seehunde und Kegelrobben

Die Düne und das Meer vor Helgoland sind ein ideales Revier für **Seehunde** *(Phoca vitulina)* und **Kegelrobben** *(Halichoerus grypus)*. Diese Robbenarten sind Wildtiere, die sich am Strand aus kurzer Distanz sehr gut beobachten lassen. Aber Vorsicht: Sie sehen zwar niedlich aus, haben aber scharfe Zähne, von denen sie Gebrauch machen, wenn sie sich bedroht fühlen. Ihr Biss kann zu schweren Wunden führen. Deshalb sollte man den imposanten Meeressäugetieren **nicht näher als 30 Meter** kommen und sie in Ruhe lassen. Zwischen November und Mitte Januar kommen die jungen Kegelrobben auf die Welt, während die Seehunde ihren Nachwuchs zwischen Juni und Mitte Juli gebären. In den ersten zwei bis drei Wochen tragen die kleinen Kegelrobben noch das weiße Lanugofell, das sie im Mutterbauch besonders geschützt hat. Kurios: Das Geburtsfell ist nicht wasserdicht, wenn sie damit schwimmen gingen, würden die Kegelrobbenbabys untergehen. Nicht nur während der Zeit der Kinderstube ist es wichtig, die Tiere nicht zu stören, denn die kleinen Robben müssen in einer kurzen Phase von wenigen Wochen genügend Fett ansetzen, um überlebensfähig zu werden. **Anfassen ist streng verboten.** Fremde Gerüche vertreiben die Mutter, weil sie ihr Jungtier nicht mehr erkennt. Um ein friedliches Miteinander zwischen Mensch und Robben, verletzte Tiere und verlassene Robbenkinder kümmern sich die Dünen-Rangerin, der Verein Jordsand e. V. und der ehrenamtliche „Seehundjäger".

3

232he mna

Während der Wintermonate kann man die Kegelrobben auf der Düne von einem extra am Nordstrand dafür errichteten **Bohlenweg** aus prima beobachten, ohne den Tieren zu nah zu kommen. Im Sommer werden die Aufstiege zum Bohlenweg wieder entfernt und erst zur Wintersaison wieder befestigt.

Hotspot für Vogelkundler

Helgoland ist der **Hotspot für Vogelkundler** und ein **Magnet für Zugvögel.** Die zweitälteste Vogelwarte der Welt wurde hier gegründet, weil die Felsinsel mitten in der Nordsee besonders während des **Vogelzugs** als Rastplatz von großer Bedeutung ist. Die Zugrouten sind abhängig von der Art, die meisten über den roten Felsen ziehenden Vögel folgen einer von Nordost nach Südwest ausgerichteten Achse. Die Mehrzahl der Arten brütet im Gebiet von Skandinavien bis nach Nordwest-Russland. Ihre Überwinterungsgebiete liegen zwischen Großbritannien und Westafrika. Die Vögel verlassen ihre Brutgebiete, weil sie dort im

⌃ Junge Robbe im Sand der Düne – bitte Abstand halten

3

Winter keine Nahrung mehr finden. Die Wissenschaft geht inzwischen davon aus, dass der Vogelzug von den Tropen ausging und die Vögel ungenutzte Nahrungsressourcen im Norden nutzten. Die meisten ziehen von März bis Mai und von September bis November. Insekten fressende Arten erscheinen in der Regel im Frühjahr später und ziehen im Herbst früher in die Winterquartiere als Samen fressende Zugvögel.

Beim Vogelzug legen die Tiere weite Strecken zurück. Die knapp hühnereikleinen **Wintergoldhähnchen** *(Regulus regulus)* wiegen nur vier bis sieben Gramm, dennoch fliegen sie bis zu 500 Kilometer pro Tag. Einen der weitesten Wege hat die **Küstenseeschwalbe,** die in der Nordpolarregion brütet und im Winter bis in die Südpolarregion zieht. Im Laufe ihres Lebens summiert sich die Gesamtdistanz der Zugflüge auf die Strecke zwischen Erde und Mond – rechnet man die Versorgungsflüge hinzu, würde die Strecke eine Länge von 400.000 Kilometern sicherlich überschreiten.

Auch heute noch ist das **Institut für Vogelforschung „Vogelwarte Helgoland"** ein wichtiger Forschungsstandort, in dessen Gartenanlage mit Hilfe von Trichterreusen Vögel lebend gefangen, wissenschaftlich untersucht, beringt und wieder freigelassen werden. Die Aufzeichnungen sind wichtige Datenbasis für die Erforschung des Vogelzugs (siehe Exkurs „Die Vogelberingung auf Helgoland"). Zusätzlich möchten die Forscher mehr

233he mna

über die Strategien erfahren, mit denen die Zugvögel es schaffen, die weiten Distanzen zurückzulegen. Helgoland ist für viele Arten eine wichtige „Tankstelle", wo sich die Vögel das Fett anfressen, das sie benötigen, um die Reisestrapazen zu überstehen. Besonders wenn das Wetter über der Nordsee schlecht wird, lockt **das Licht des Leuchtturms** massenweise Vögel an und die Vogelstimmen schallen laut durch den Nachthimmel. Der Beweis, dass Vögel ziehen und dabei weite Distanzen zurücklegen, war der sogenannte „Pfeilstorch". Er wurde in Afrika von einem Pfeil durchbohrt, lebte aber noch und überwand 1822 sogar den Rückflug nach Europa. Der Pfeilstorch steht heute ausgestopft in der Zoologischen Sammlung in Rostock. Die erste deutsche Vogelwarte wurde 1903 in Radolfzell gegründet.

434 Vogelarten sind auf Helgoland nachgewiesen worden, so viele, wie an keinem anderen Ort in Mitteleuropa. Alljährlich werden viele Vogelarten gezählt, die nur ausnahmsweise in Deutschland erscheinen. Etwa 40 Arten brüten regelmäßig auf der Insel. Dazu gehören Seevogelarten wie Basstölpel *(Sula bassana)*, Trottellumme *(Uria aalge)* und Dreizehenmöwe *(Rissa tridactyla)*, aber auch Singvögel wie Amsel *(Turdus merula)*, Haussperling *(Passer domesticus)* und Bluthänfling *(Linaria Cannabina)*.

⌃ Schwarz-weiße Lummen auf rotem Fels

⌃ Offene Schnäbel zweier Basstölpel

3

Die Vogelberingung auf Helgoland

Die Vogelforschung hat für Helgoland eine große Bedeutung. Weil der Felsen mitten im Meer während des **Vogelzugs** einen guten Grund für eine **Rast** darstellt, sind hier besonders während der Zeiten des Vogelzugs sehr viele Vögel anzutreffen. Das sind für Ornithologen ideale Voraussetzungen. Besonders bei ungünstigen Zugbedingungen wie Gegenwind oder Regen pausieren die Tiere und fressen sich für die anstrengende Weiterreise ein Fettpolster an. Es gibt auf Helgoland Beeren und andere pflanzliche Nahrung, insektenfressende Vögel werden besonders an den Stränden fündig, wo sie an den im Spülsaum liegenden Tangpflanzen mit **Tangfliegen** und deren Larven eine proteinreiche Nahrung finden. Aufgrund der vielen auf Helgoland rastenden Zugvögel unterhält das **Institut für Vogelforschung „Vogelwarte Helgoland" (IfV)** hier eine Außenstelle. Während der Hauptzugzeiten von März bis Mai und von Mitte August bis November werden in einem speziell angelegten **Fanggarten** in drei verschiedenen Fangreusen an manchen Tagen bis zu 1000 Vögel lebend gefangen, beringt, vermessen und wieder freigelassen.

Das IfV mit Hauptsitz in Wilhelmshaven ist die **Beringungszentrale** für die nordwestdeutschen Bundesländer. Die wissenschaftliche Vogelberingung wurde 1899 vom Dänen *H. D. Mortensen* entwickelt, um spezifische Daten für die Vogelforschung zu erhalten. Das Verfahren ist weltweit anerkannt.

Die **Vogelberingung** erfolgt überall nach einem standardisierten System. Jeder Vogel wird mit einem individuellen Metallring markiert. Neben einer Nummer ist auch eine Rücksendeadresse für gefundene Ringe angegeben. Es gibt verschiedene Ringe, die auf die verschiedenen Körpergrößen, Eigenheiten und Lebensräume der Vögel abgestimmt sind. Das Gewicht des Vogelrings für seinen Trägervogel ist übrigens mit dem einer Armbanduhr für den Menschen vergleichbar. Den kleinsten bekommt das Wintergoldhähnchen *(Regulus regulus)*, den größten der Höckerschwan *(Cygnus olor)*. Nach dem Fang wird der Vogel beringt, der Zustand von Flugmuskel und Fettreserven eingestuft, Alter und Geschlecht anhand des Gefieders bestimmt, bestimmte Maße zur Erfassung der Körpergröße des Vogels genommen und gewogen. Die gesamte Prozedur dauert nur etwa 30 bis 50 Sekunden, im Anschluss wird der Vogel dann wieder freigelassen.

Die Vogelberingung hat nur dann Sinn, wenn man die Wiederfunde von Ringen und Wiederfänge bereits beringter Vögel meldet. Sie werden in Datenbanken erfasst, um möglichst viel über die Vögel zu erfahren. Jede Person ist aufgefordert, seine **Funde oder Sichtungen** weiterzugeben (**www.ifv-vogelwarte.de).** Die entsprechenden Daten dienen der Erforschung von Biologie, Ökologie, Verhalten, Zugbewegungen, der Fortpflanzung und der Populationsentwicklung. Sie tragen dazu bei, Zusammenhänge besser zu erkennen, sodass Schutzmaßnahmen geplant und eingeleitet werden können.

In Europa wird die Arbeit der Beringungszentralen der einzelnen Länder von der **Europäischen Union für Vogelberingung (EURING)** koordiniert. Die Datenbank für Wissenschaft und Naturschutz ist beim **British Trust for Ornithology** in Thetford in Großbritannien angesiedelt.

Die Bestände der Brutvögel des Offenlandes nehmen auf Helgoland immer weiter ab, während Vogelarten, die in Büschen nisten, in den vergangenen Jahren wegen der zunehmenden **Verbuschung** der Insel zugenommen haben. Die Brutvogelwelt der Hauptinsel unterscheidet sich stark von der auf der Düne. Dort am häufigsten anzufinden sind die Heringsmöwen *(Larus fuscus)*, auch die schwarzweißen Austernfischer *(Haematopus ostralegus)* sind vertreten. Auch Eiderenten gibt es auf der Nebeninsel, wo sie ihre Gelege versteckt in den Dünen ausbrüten. Nur noch sehr selten brütet der vom Aussterben bedrohte Sandregenpfeifer *(Charadrius hiaticula),* von dem es nur noch wenige Hundert Paare in Deutschland gibt.

Der Lummenfelsen

Der **Lummenfelsen** wurde nach den Trottellummen benannt. Er ist nur etwas über einen Hektar groß und an seinen steilen Abhängen herrscht die **größte Brutvogeldichte Deutschlands** (siehe Kapitel „Sehenswertes"). Nur hier an den Felsen und im Meer rund um Helgoland finden seltene Seevögel ideale Brut- und Nahrungsbedingungen vor. Hauptsächlich brüten fünf Vogelarten ihre Eier aus: **Dreizehenmöwen, Trottellummen, Basstölpel, Eissturmvögel** und **Tordalke.** Diese Vögel sind fast das ganze Jahr über auf Helgoland zu sehen, wobei sie im Winter nur vereinzelt vorkommen.

Die **Trottellummen** brüten sonst nur an felsigen Meeresküsten. Alljährlich finden sich auf Helgoland mehr etwa 3000 Paare ein. Die schwarzweißen Lummen sind etwa entengroß und ähneln Pinguinen, allerdings ist ihr Schnabel spitzer. Sie sind nur während der Brutzeit hier und leben als hervorragende Taucher fast das ganze Jahr hindurch auf dem Meer. Die Trottellumme ist die einzige Vogelart, die in den vergangenen 200 Jahren alljährlich auf Helgoland gebrütet hat. Sie suchen im Frühjahr stets den selben Brutplatz auf, an dem sie **ein einziges Ei** auf dem nackten Felsen ablegen. Es ist kegelförmig und gefleckt. Die Eltern bebrüten es abwechselnd auf den Tarsen (Füßen). Dennoch kann bei der Eiübergabe auch schon mal eines abrutschen und auf den Felsen zerschellen. Die Trottellummen brüten rund einen Monat lang dicht gedrängt, oft mehr als 20 Paare auf einem Quadratmeter. Die Küken sind extreme Platzhocker und wenden sich instinktiv vom Hellen weg in Richtung Felswand. Wenn das Küken geschlüpft ist, wird es gut drei Wochen lang von seinen Eltern mit kleinen Fischen gefüttert. Eine Gefahr sind die Silbermöwen, die es nicht nur auf Eier, sondern besonders auf die Jungvögel abgesehen haben. Ab Mitte Juni lässt sich mit etwas Glück

3

in den Abend- und Nachtstunden der sogenannte **Lummensprung** beobachten. Die Eltern locken die Küken mit ihren Rufen und die flugunfähigen Jungvögel stürzen sich mutig bis zu 50 Meter in die Tiefe. Stummelflügel bremsen den Flug und bei der Landung puffern das weiche Skelett und die Daunenfedern den Sturz ab. In der Regel landen sie unverletzt im Felswatt oder auf dem Wasser, wo die Eltern schon auf sie warten. Erst auf dem Meer lernen die kleinen Trottellummen das Fliegen und kehren auch schließlich im Erwachsenenalter wieder zurück nach Helgoland. Es ist vor allem das ständige An- und Abfliegen der Lummen, das den Vogelfelsen zu einem faszinierenden Beobachtungsplatz macht.

In den steilen Felswänden des Lummenfelsens brütet auch der gänsegroße **Basstölpel.** Er ist mit seinen schwarzen Flügelspitzen und dem vanillegelben Kopf mit hellblau umrandeten Augen auffällig, die Flügelspannweite von bis zu 1,80 Metern beeindruckend. Er brütet erst seit 1991 auf Helgoland. Typischerweise sind es größere Kolonien, in denen die Elternvögel in der Regel pro Jahr ein Junges großziehen – auf Helgoland gibt es inzwischen mehr als 1000 Brutpaare. Als Baumaterial für ihre Nester benutzen die Basstölpel normalerweise Algen, immer häufiger jedoch auch Müll aus dem Meer wie Reste von Kunststoffseilen und Fischernetzen. Diese können den Vögeln, wenn sie sich darin verheddern, zum tödlichen Verhängnis werden. Vom Klippenrandweg aus sind die Nester mit allen Details gut zu bestaunen. Überall liegen Federn herum. Kommt der Wind aus Westen, lässt sich ein strenger Geruch wahrnehmen. **Die Kolonie wächst** – ein Zeichen, dass sich die Vögel auf Helgoland wohlfühlen.

Mit knapp etwa 5000 Brutpaaren sind die **Dreizehenmöwen** auf dem Lummenfelsen am häufigsten anzutreffen. Man erkennt sie an ihrem weißen Federkleid mit schwarzen Flügelspitzen, schwarzen Beinen und dem gelben Schnabel. Dreizehenmöwen zählen zu den mittelgroßen Möwenarten. Sie bauen ihre Nester aus Tang, Algen und Grashalmen auf kleinen Felsen und Vorsprüngen. Aus bräunlich gesprenkelten Eiern schlüpfen nach etwa vier Wochen die Küken. Sie sind Nesthocker und nach einem weiteren Monat bereits flügge. Pro Jahr ziehen sie ein bis drei Junge groß. Die Hochseemöwe hat ihren Namen wegen ihrer Füße mit drei ausgeprägten Zehen, während die Hinterzehe verkümmert ist.

Etwas mehr als 50 **Eissturmvögel** brüten auf Helgoland. Sie wiegen knapp unter einem Kilo und sind etwas kleiner als eine

3

Helgolands Natur

Kurioses aus der Vogelwelt

Zum vierten Mal in Folge nahm ein auf der Nordhalbkugel seltener Gast Kurs auf Helgoland: Der **Schwarzbrauenalbatros** *(Thalassarche melanophris)* ist in der Luft ein eleganter Seevogel, an Land aber eher tollpatschig unterwegs. Eigentlich lebt er auf der Südhalbkugel der Erde. *Franz Bairlein* vom Institut für Vogelforschung sagt, dass einige Albatrosse „kommen, wenn sie – salopp gesagt – herumvagabundieren, auch in die nördlichen Meere". Dann suchen sie Anschluss bei ihren Artverwandten, so auch der Albatros auf Helgoland. Er erreicht eine **Flügelspannweite von bis zu 2,40 Metern.** Der selbe Vogel wurde auch schon auf Sylt gesichtet.

Stockente. Sie gehören zur Familie der Röhrennasen und brüten pro Paar jährlich ein Ei aus. Sie verteidigen sich gegen Fressfeinde, indem sie ihr Magenöl ausspeien. Eissturmvögel sind mit den Albatrossen verwandt und ernähren sich von Krebsen, Tintenfischen, Fischen, Schnecken und Quallen. Sie haben eine gedrungene Gestalt. Kopf, Hals und Unterseite sind dunkelgrau bis weiß und der Schwanz hellgrau, während die Oberseite der Flügel ins Bläuliche geht. Die Beine sind kurz und grüngelb.

Auf dem Lummenfelsen mit rund 20 bis 50 Brutpaaren nur selten anzutreffen ist der als potenziell gefährdet eingestufte **Tordalk.** Er sieht den Trottellummen sehr ähnlich, ist jedoch kleiner und hat einen deutlich dickeren Schnabel, während der der Lummen nach vorn sehr spitz zugeht. Quer über seine Flügel läuft ein weißer Streifen und an seinem Schnabel befinden sich stellenweise weiße Streifen. Er brütet in kleinen Kolonien auf blankem Boden in Spalten und Nischen pro Jahr ein Ei aus, die Eltern wechseln sich mit dem Bebrüten ab. Nach etwa fünf Wochen schlüpfen die Küken, sie sind echte Nesthocker. Doch schon nach zweieinhalb bis dreieinhalb Wochen können die Jungen fliegen und lernen gemeinsam mit ihren Eltern auf See das Fischen. Kurios ist, dass auch sie einen „Lummensprung" machen. Tordalken tauchen nicht tief und transportieren die gefangenen Fische quer im Schnabel.

UNSER TIPP: Wer mehr Details über Helgolands Vogelwelt erfahren möchte, kann sich auf den Internetseiten der Ornithologischen Arbeitsgemeinschaft Helgoland **www.oag-helgoland.de** informieren und dort auch entsprechende Fachpublikationen bestellen.

3

Die Naturschutzgebiete

Helgoländer Felssockel und Lummenfelsen

Das Naturschutzgebiet **Helgoländer Felssockel** ist durch eine Fahrrinne zweigeteilt. Es umfasst den Felssockel um die Hauptinsel und den um die Düne. Die Inseln selbst und die Reede zählen nicht dazu. Mit einer einer Gesamtfläche von 51,38 km^2 ist es das **zweitgrößte Naturschutzgebiet Schleswig-Holsteins.** Nur das Naturschutzgebiet Nordfriesisches Wattenmeer ist größer, und das gleich knapp 27 mal. Auch das kleinste Naturschutzgebiet Schleswig-Holsteins liegt auf Helgoland: An den

OPENSEA – Schüler erforschen das Meer

Durch den raschen ökologischen Wandel an den Küsten entsteht ein **immenser Bedarf an Grundlagenforschung.** Hierfür sollen auch Schüler ab der Sekundarstufe begeistert und ein Beitrag zur **Nachwuchsförderung** geleistet werden. Das von der **Biologischen Anstalt Helgoland,** die zum **Alfred-Wegener-Institut** gehört, eingerichtete **Schülerlabor OPENSEA** eröffnet jungen Forschern die Möglichkeit, an einem mit rund 400 Tier- und 600 Pflanzenarten besonders vielfältigen Forschungsstandort mitten in der Hochsee selbst zu experimentieren und den Wissenschaftlern des Instituts bei ihrer Arbeit über die Schulter zu schauen. Unter fachkundiger Anleitung planen sie selbst Projekte und führen diese durch.

Die Biologische Anstalt Helgoland stellt dafür ein eigenes Forschungslabor zur Verfügung, es lassen sich Freilanduntersuchungen machen und mit dem **Forschungsschiff „Uthörn"** können sogar auf dem Meer Proben entnommen und ausgewertet werden. Die Kinder und Jugendlichen lernen so mit wissenschaftlicher Unterstützung ökologische und naturwissenschaftliche Zusammenhänge besser zu verstehen. Beispielsweise können sie der Frage nachgehen, wie der Klimawandel die Nahrungsnetze verändert, ob eingeschleppte Arten das Ökosystem gefährden oder Plastikabfälle in die Meeresorganismen gelangen. In **drei- bis fünftägigen Kursen** erlernen die Schüler Basiswissen und es ist zu wünschen, dass manch junger Gastforscher sein naturwissenschaftliches Potenzial entdeckt und später zum Beruf macht.

▷ Forschungsschiff Uthörn im Hafen Helgoland

steilen Buntsandsteinfelsen der Hauptinsel befindet sich der nur 1,1 Hektar große **Lummenfelsen.**

    Das 1981 eingerichtete Naturschutzgebiet **Helgoländer Felswatt** ist Deutschlands einziges maritimes Hartbodenbiotop. Seit 1983 betreut es der Verein Jordsand zum Schutze der Seevögel und der Natur e. V., eine der ältesten Naturschutzorganisationen Deutschlands, ihn gibt es schon seit 1907. Das Schutzgebiet Helgoländer Felssockel liegt zudem fast vollständig im europäischen Seevogelschutzgebiet Helgoland. Die Bodenoberfläche unter dem bis zu 48 Meter tiefen Wasser besteht aus Sand und Felsen. Als Felswatt werden die flachen, leicht seewärts geneigten Fels- oder Brandungsplattformen vor der Steilküste bezeichnet. Der

Helgolands Natur

226he mna

3

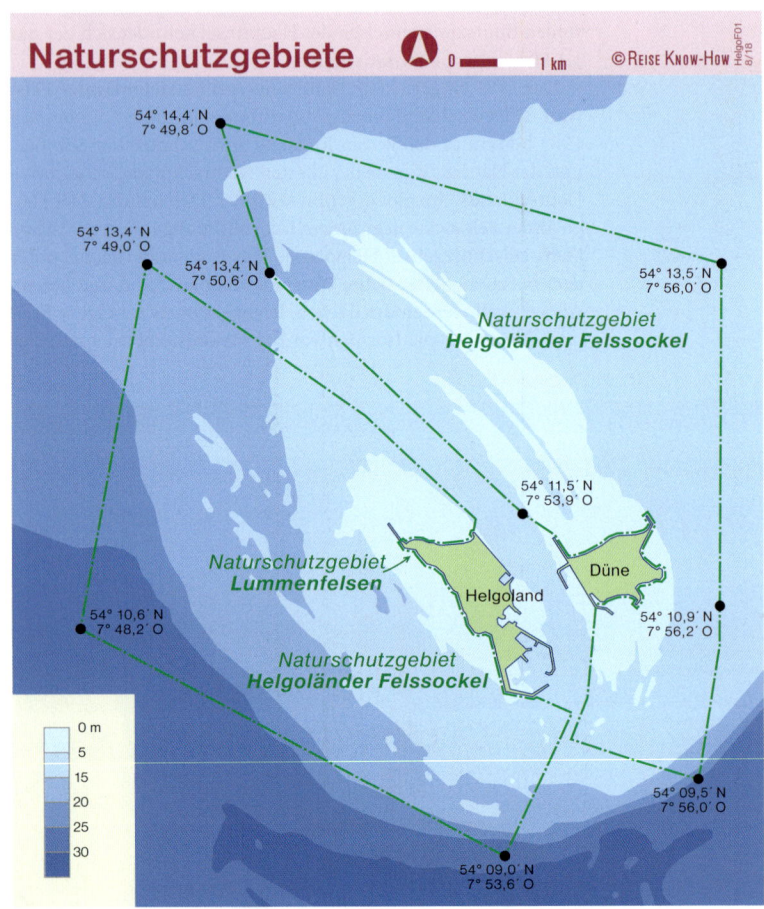

Naturschutzgebiete   0 ▬▬ 1 km   © REISE KNOW-HOW

HelgoF01
8/18

54° 14,4′ N
7° 49,8′ O

54° 13,4′ N
7° 49,0′ O

54° 13,4′ N
7° 50,6′ O

54° 13,5′ N
7° 56,0′ O

Naturschutzgebiet
Helgoländer Felssockel

54° 11,5′ N
7° 53,9′ O

Düne

Naturschutzgebiet
Lummenfelsen

Helgoland

54° 10,9′ N
7° 56,2′ O

54° 10,6′ N
7° 48,2′ O

Naturschutzgebiet
Helgoländer Felssockel

0 m
5
15
20
25
30

54° 09,5′ N
7° 56,0′ O

54° 09,0′ N
7° 53,6′ O

landseitige Teil der Felsplattform fällt bei Niedrigwasser regelmäßig trocken. Betreten darf man das Felswatt nicht, auch Segeln und Tauchen sind nicht gestattet. Der Helgoländer Buntsandstein und der Boden aus Muschelkalk und Kreide bieten einen in Deutschland einzigartigen und außergewöhnlichen Lebensraum für Pflanzen und Tiere, die sich an die wechselnden Nass- und Trockenphasen perfekt angepasst haben. Die Artenvielfalt am Helgoländer Felssockel ist groß.

228he mna

Dienstag bis Sonntag immer um 9.50 Uhr bietet der **Verein Jordsand Führungen** zu verschiedenen naturkundlichen Themen an. Man kann einfach vorbeikommen. Informationen dazu gibt es in der Hummerbude Nr. 35, telefonisch unter 04725/7787 und im Internet unter www.jordsand.de. Ansprechpartnerin ist *Rebecca Störmer.*

⌃ Goldene See mit Klippenrand

3

Die Tränen der Sonnentöchter

So nannte der römische Dichter Ovid (43 v. Chr.–17 n. Chr.) den Bernstein, der auch als **„Gold des Nordens"** bezeichnet wird. Die Römer nannten Bernstein „Saft" *(succinum)*, daraus leitet sich der wissenschaftliche Begriff für Bernstein Succinit ab. Er ist kein richtiger Stein, wie man angesichts des Namens vermuten könnte, sondern **fossiles Baumharz.** Die deutsche Bezeichnung „Bernstein" geht auf das mittelniederdeutsche *bernen* (brennen) zurück, denn das Harz ist leicht entzündbar.

Auf den holzarmen Inseln der Nordsee fand man das leicht entzündbare Material **zum Feuermachen** nützlicher als zur Schmuckherstellung. Früher erreichten die Brocken nicht selten Brikettgröße und waren somit alles andere als rar. Das tat ihrer Beliebtheit in verarbeiteter Form jenseits der Inseln jedoch keinen Abbruch. Vor allem die Mittelmeervölker waren geradezu versessen auf das „Gold des Nordens" und zahlten z.T. hohe Preise dafür. Für ein hübsches Schmuckstück aus Bernstein bekam man im alten Rom so viel Geld, dass man davon sogar einen Sklaven kaufen konnte.

Vor Jahrmillionen trat das Harz aus den Wunden von vorwiegend subtropischen Bäumen aus und härtete an der Luft schnell aus. Bernstein gibt es demnach auf der ganzen Welt und nicht nur an der Nord- und Ostsee. Bei geologischen Veränderungen wurde es mit Wasser überspült und kam so oder auch durch Überlagerungen mit Eis in tiefere Sedimentschichten. Unter Luftabschluss und Druck entstand **in 40 bis 50 Millionen Jahren** Bernstein. Viele **Einschlüsse** sind Fossilien von Pflanzenteilen oder kleinen Tieren, die man bei vielen Schmuckstücken gut erkennen kann.

Der hier gefundene Bernstein wurde von den Gletschern der Eiszeiten aus der baltischen Re-

gion herantransportiert und in flachen Schichten abgelagert, aus denen die See auf den Nordseeinseln immer wieder individuelle Stücke freilegt.

Bernstein wird in vielen unterschiedlichen Größen gefunden, die meisten Stücke sind etwa so groß wie ein Kieselstein, größere Funde sind selten. Bernstein ist nur geringfügig dichter als Wasser und sehr viel leichter als Steine. Deshalb geht er in Süßwasser unter, während er in salz-

haltigem Wasser schwimmt. Am besten sucht man ihn auf Helgoland **nach starken Stürmen am Strand** der Helgoländer Düne, und zwar an der **Tageshochwasserlinie,** nicht unten am Spülsaum. Gute Chancen hat man bei ablandigem Wind, weil dann eine Unterströmung entsteht, noch bessere im Winter, wenn das kältere Wasser einen stärkeren Auftrieb bewirkt. Nicht selten sieht man dann bereits am frühen Morgen die Sammler bei der Suche am Strand.

Ob man einen echten Bernstein gefunden hat, lässt sich einfach nachprüfen: Glatter, trockener Bernstein lädt sich **elektrostatisch** auf und er zieht wie ein Magnet Papierschnipsel und Wollfussel an. Oder man löst einen Teelöffel Salz in einem Glas Wasser auf. Schwimmt der Stein darin, ist er echt.

☑ Schaufenster für Bernsteinverkauf

226he mna

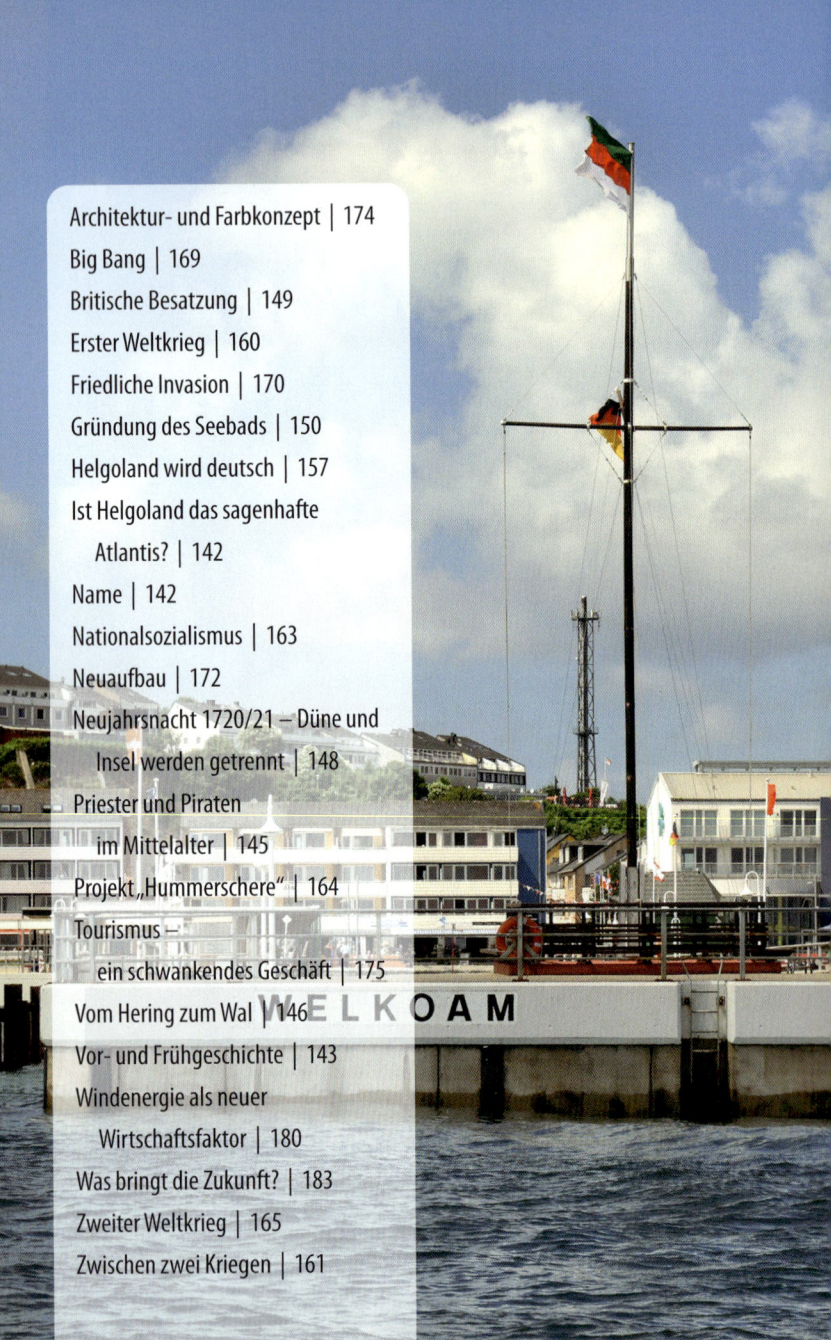

4 Helgoländer Geschichte

◁ Landungsbrücke mit Begrüßung

Der Name

Heiligland, deat Lunn

Helgoland leitet sich vermutlich aus dem Niederdeutschen „Heelge Landt" ab, was **„Heiliges Land"** bedeutet. Auch in der ältesten Urkunde über Helgoland aus dem Jahr 700 n. Chr. wird die Insel „Heiligland" genannt, in dem entsprechenden Bericht wird ein Missionsbesuch des Bischofs *Willibrord von Utrecht* erwähnt. In alten Karten finden bereits Namen wie „Hilliglandt", „Halunder Lun" oder „Heligoland" Verwendung. Das liegt vermutlich auch daran, dass Helgoländisch eine eigenständige westgermanische Sprache ist, und die Insel zudem so abgeschieden mitten im Meer liegt. Die Halunder, wie sich die Helgoländer selbst nennen, haben eine sehr starke eigene Identität und sind stolz darauf. Sie selbst nennen ihre Insel **deat Lunn.** Das Wort Lunn ist ein Begriff sowohl für Land als auch für Helgoland und Heimat.

Ist Helgoland das sagenhafte Atlantis?

Mythische Königsinsel

Noch in der Zeit v. Chr. soll einer Sage nach knapp zehn Kilometer nordöstlich von Helgoland die **mythische Königsinsel Atlantis** im Meer untergegangen sein. Man fand an dieser Stelle zwar tatsächlich alte Siedlungsreste und Kupfer, aber es gibt keine Beweise für diese Theorie – schon gar nicht für die Existenz des Inselreichs. Beschreibungen von Atlantis als einer Seemacht im Atlantik gibt es nur in einem Bericht des antiken griechischen Philosophen *Platon*. Das sagenhafte Königreich versank seiner Erzählung nach bei einer Naturkatastrophe innerhalb eines Tages im Meer.

Vor- und Frühgeschichte

Begrabene Häuptlinge

In der **Vorzeit** erstreckte sich grünes Marschland um das heutige Helgoland. Schon damals ragten die Felsen aus 200 Millionen Jahre altem Buntsandstein hoch aus diesem Landstrich heraus. Die Bewohner **begruben dort ihre Häuptlinge** und begingen traditionelle Riten – daraus leitet sich auch der Name ab. Durch den Anstieg des Meeresspiegels in der Mittelsteinzeit ab etwa 9000 v. Chr. wurde das Marschland nach und nach überspült und die Felsen- und Dünengebiete entwickelten sich zur Insel, allerdings mit weit größeren Abmessungen als heute.

Man vermutet, dass bereits in der Bronzezeit vor etwa 4000 Jahren auf Helgoland **Kupfer** abgebaut wurde und dieses anschließend wieder an Bedeutung verlor. Sicher ist, dass Helgoland reiche Kupfervorkommen hat, allerdings liegen diese weitgehend unter dem Meer, sodass sich ein Abbau nicht lohnt. Im Museum Helgoland findet man Helgoländer Kupfererze und Verhüttungsschlacke sowie mehrere Kupferscheiben, die große Ähnlichkeit mit Funden aus der Bronzezeit haben.

Steinkistengrab

Das einzige Relikt, das den Reichtum der bronzezeitlichen Bewohner Helgolands belegt, ist das 1892 dort entdeckte **Steinkistengrab** mit einem gut erhaltenen Skelett, einem Dolch und einer bronzenen Ziernadel. Es stammt aus der Zeit zwischen 1400 und 1500 v. Chr. Das Original wurde nach seinem Fund zur archäologischen Untersuchung nach Berlin geschickt, wo es in Vergessenheit geriet und erst im Jahr 2008 zufällig wieder auftauchte. Ein Nachbau dieses Fundes steht heute gut sichtbar vor dem Museum Helgoland.

Bernstein- insel

Eine **Erwähnung** Helgolands aus der **Antike** könnte aus dem nicht mehr erhaltenen Reisebericht des *Pytheas von Massilia* (350–275 v. Chr.) aus dem Jahr 325 v. Chr. stammen. Dort wird berichtet, dass ein germanisches Volk auf der eine Tagesreise entfernten Insel **Abalus** lebt, an deren Ufer **Bernstein** geschwemmt würde, den die Bewohner an die Teutonen auf dem Festland verkauften. Eine weitere Theorie spricht von einer erstmals schriftlichen Erwähnung der Insel als „Heiliger Hain" im Werk „Germania" aus dem Jahr 98 n. Chr., den der römische Historiker *Tacitus* (58–120 n. Chr.) verfasste.

4

Der legendäre Klaus Störtebeker

Aus welchem Ort der Anführer der berüchtigten Vitalienbrüder stammte, ist unbekannt. Es gibt mehr Mythos als historische Überlieferung, und wer an der Nordseeküste unterwegs ist, wird fast überall Hinweise auf den berühmten Seeräuber finden. Im Verfestungsbuch Liber postscriptorum taucht der **Name** *Nicolao Stortebeker* in Zusammenhang mit einer Prügelei 1380 erstmals auf. Das legt die Vermutung nahe, dass es sich um *Klaus Störtebeker* gehandelt haben könnte. Aus *Nicolao* wurde *Nikolaus* und daraus die Kurzform *Klaus*. Der Name *Nikólaos* stammt aus dem Altgriechischen und bedeutet „Sieg des Volkes". Es spricht auch deshalb einiges für diese These, weil der Heilige *Nikolaus* als Schutzheiliger, u. a. der Seefahrer und Schiffer gilt und somit der Bezug zur Seefahrt gegeben ist.

Der Name *Störtebeker* kommt aus dem Niederdeutschen und bedeutet „Stürz den Becher", was vermutlich mit den trinkfesten Sitten der Seefahrer zusammenhängt. Die Mär, dass *Klaus Störtebekers* Name darauf zurückzuführen sei, dass er angeblich einen vier Liter fassenden Bierkrug auf ex trinken konnte, ist allerdings nicht belegt. Der Störtebeker-Pokal der Hamburger Schiffergesellschaft, auf den häufig verwiesen wird, ist jedenfalls erst 250 Jahre nach *Störtebeker* gefertigt worden. Es besteht aber auch die Möglichkeit, dass ein Zusammenhang mit dem Kaufmann und Kapitän *Johann Störtebeker* aus Danzig besteht. Vermutlich ist die Legende um „den Robin Hood der Meere" aus einer Mischung von Geschichten beider Personen entstanden. Nach dem heutigen Stand der Forschung ist es **eher unwahrscheinlich,** dass es den Piraten Klaus Störtebeker als Person tatsächlich gegeben hat.

Bei Konflikten unter den mächtigen Adeligen, die um die Herrschaft Dänemarks rangen, trat sein Name erstmals auf. König *Albrecht von Schweden* und die dänische Königin *Margarethe I.* warben Freibeuter an, damit diese die jeweils gegnerischen Schiffe kaperten. *Klaus Störtebeker* verdingte sich als Freibeuter für Mecklenburg. Als die Dänen 1389 Stockholm belagerten, stellte eine Gruppe von Seefahrern zunächst als Blockadebrecher die Versorgung der Bevölkerung mit Lebensmitteln – den Viktualien – sicher. Daraus leitet sich der Begriff **Vitalienbrüder** ab. Außerdem war die Bruderschaft durch **Kaperbriefe** der Hansestädte Wismar und Rostock berechtigt, dänische Schiffe aufzubringen. Dieses wilde Leben gefiel den Kaperfahrern (Niederdt. „Likedeeler", also „Gleichteiler") so gut, dass sie nach dem Krieg als Seeräuber nach dem selbstgewählten Motto „Gottes Freunde und aller Welt Feinde" weitermachten. Die Vitalienbrüder konnten mit ihrer Beute aus Fisch, Pelze, Fleisch und anderen Handelswaren auch einen gewissen Reichtum erlangen.

Die Piraterie machte auch Bremer und Hamburger Kaufleuten das Leben schwer und so versuchten sie mit allen Mitteln, *„Klaus Störtebeker"* und seinen Kumpanen das Handwerk zu legen. Doch hielt er sich zunächst in Ostfriesland versteckt. Später schickten sie eine Flotte von elf Koggen in die Nordsee, der vor Helgoland ein **vernichtender Schlag gegen die Seeräuber** gelang. 40 Seeräuber starben, 73 Mann wurden gefangen genommen und später enthauptet. Ob ihr legendärer Anführer mit darunter war, lässt sich nicht belegen. Allerdings wird sein Name anschließend nicht mehr in Berichten über Piraterie erwähnt. Tatsache ist jedoch, dass ein Seeräuberschädel, aus dem man sein früheres Erscheinungsbild rekonstruiert hat, nichts mit *Klaus Störtebeker* zu tun hat. So viel hat die aktuelle Forschung immerhin ergeben.

Priester und Piraten
im Mittelalter

Frühe Missionierungs-bemühungen

Im Jahr 693 weilte der Friesenkönig *Radbod* auf Helgoland, entsprechende Berichte des Bischofs *Willibrord von Utrecht* über **Missionierungsbemühungen** bei den Friesen deuten darauf hin, dass diese auch auf der Insel stattfanden – allerdings erfolglos. Erst 100 Jahre später, um das Jahr 791, bekehrte Bischof *Liudger* aus Münster die Insulaner zum christlichen Glauben. Zum **ersten Priester** wurde der Helgoländer Häuptlingssohn *Landricus* geweiht.

Seeräuber: Klaus Störtebeker und Hans Pommerink

In seinem Bericht „Res Gestae" spricht *Adam von Bremen* 1076 von einem „Heiligland", 1231 findet Helgoland auch im „Erdbuch" des dänischen Königs *Waldemar II.* Erwähnung. Im 14. Jahrhundert beherrschten **Seeräuber** die Deutsche Bucht. Helgoland war aufgrund seiner idealen Lage in der Nordsee für die Freibeuter ein wichtiger Stützpunkt auf ihren Beutezügen.

Am 22. April 1401 stellte ein Verband von Schiffen im Auftrag von Hamburger Kaufleuten die Piraten, die vermutlich unter der Führung des legendären Seeräubers **Klaus Störtebeker** standen, endgültig. Sie wurden nach einem erbitterten Kampf vor Helgoland gefangen genommen und auf dem **Schiff „Bunte Kuh"** – einer vermutlich in Flandern gebauten Schnigge – nach Hamburg gebracht. Ein Traditionslokal auf der Insel am Ende der Hummerbuden ist nach dem Schiff benannt. Die Seeräuber wurden auf dem Hamburger Grasbrook durch das Schwert hingerichtet. Ihre Köpfe steckte man zur Abschreckung auf Pfähle und stellte diese an der Elbe auf (siehe auch Exkus „Der legendäre Klaus Störtebeker").

1545 machte erneut ein Pirat auf Helgoland von sich reden. **Peter Wiben** lebte in der ersten Hälfte des 16. Jahrhunderts in Dithmarschen und ließ sich unter dem Decknamen **Hans Pommerink** auf Helgoland nieder. Zusammen mit seinem Bruder und einer zehnköpfigen Bande unternahm er von der Insel aus Raubzüge an die Dithmarscher Küste. 17. Mai 1545 überwältige eine eigens zu diesem Zweck ausgesandte 100 Mann starke Truppe die Seeräuber und tötete sie. Die Leichen wurden ans Festland gebracht und in Heide sogar post mortem noch geköpft und gerädert.

Vom Hering zum Wal

**Die Bedeu-
tung des
Fischfangs**

Helgoland stand vom 12. bis 14. Jahrhundert unter dänischer Herrschaft und wurde bei einer Landteilung 1544 dem Herzogtum Schleswig-Holstein-Gottorf zugeteilt, wo es den Grad einer Landschaft mit hoher Selbstverwaltung hatte. Unabhängig davon, zu welchen weltlichen Herrschern die Insel gehörte, lebten die rund 300 Helgoländer hauptsächlich vom Fischfang, überwiegend jagten sie **Heringe,** die im 15. und 16. Jahrhundert besonders ergiebig waren.

Die Helgoländer Fänge versorgten die gesamte Küste, bis Rom wurden Heringe in Salz geliefert, und ein gewisser Wohlstand hielt auf der kargen Insel Einzug. Dann blieb der Hering mysteriöserweise aus. Bis heute rätseln Fischereibiologen über die Gründe. Es handelte sich wohl um einen der großen natürlichen Zyklen, die es auch in früheren Zeiten schon gab. Die Helgoländer fingen nun hauptsächlich im zweiten und vierten Quartal des Jahres **Schellfisch mit Langleinen,** der – bis zum Ende des 19. Jh. die Fischdampfer aufkamen – auch ein ertragreiches Geschäft war (siehe Exkurs „Schellfischen mit Langleine"). Zeitweise waren **bis zu hundert Inselboote** im Einsatz. Ende des 17. Jh. lebten bereits etwa 1000 Menschen auf der Insel. Zu dieser Zeit fuhren Helgoländer Kapitäne und Steuerleute auf fremden Schiffen in alle Welt, heuerten auf Walfängern aus Holland und den deutschen Hansestädten und gingen auf eigene Rechnung zum Robbenschlagen ins nördliche Eismeer.

Nicht die Abenteuerlust zog die Männer ins **Nordmeer,** sondern die Aussicht auf einen anständigen Lohn. **Erck Rickmers,** 1619 geboren, stieg sogar zum Konvoi-Kommandanten auf und wurde ein reicher Mann. Andere blieben indes auf See, denn die **Jagd auf den Wal** im ewigen Eis war ein riskantes Unterfangen. Zudem gingen schon in der zweiten Hälfte des 18. Jahrhunderts die Walbestände spürbar zurück und wurden bald immer kleiner. Gejagt wurden vor allem der **Grönlandwal** *(Balaena mysticeus)* und der **Nordkaper** *(Eubalaena glacialis),* weil diese mit einer Geschwindigkeit von acht Stundenkilometern zu den langsamen Schwimmern gehörten und deshalb verhältnismäßig leicht zu erlegen waren. Nach ihrem Tod gingen sie wegen ihrer Speckschicht nicht unter und waren deshalb gut zu bergen.

Um 1700 war der Grönlandwal im Nordatlantik so gut wie ausgerottet, dem Nordkaper ging es nicht anders. Der **Walbe-**

4

stand hat sich von der damaligen Schlächterei nicht mehr erholen können. Vom Nordkaper gibt es heute nur noch etwa 300 Stück, Tendenz fallend.

Auch der **Hummerfang** spielte eine bedeutende Rolle (siehe Exkurs „Hummerfischerei und Taschenkrebsfang"). Er wurde nicht nur für den Eigenbedarf betrieben, sondern die Fänge wurden auch exportiert. Beispielsweise importiert ein Londoner Händler im Jahr 1714 die stattliche Zahl von 35.000 Hummern aus Helgoländer Gewässern.

Das Nordsee-Eiland blieb Fischerinsel, nur die **Herrschaftsverhältnisse** wechselten zwischen der Regentschaft des Herzogtums Schleswig-Gottorp, das sich mit Schweden verbrüdert hatte, und dänischer Krone. 1714 besetzten die Dänen schließlich unter König *Friedrich IV.* die Gottorpschen Territorien in ganz Schleswig-Holstein und erhoben auch Besitzansprüche auf Helgoland. Die dänische Flotte griff ein, beschoss die Insel und es blieb nichts anderes übrig, als sich zu ergeben. Von diesem Zeitpunkt an stand Helgoland unter dänischer Herrschaft und ein Landvogt war auf Helgoland stationiert, um die politischen Interessen Dänemarks zu vertreten.

⊡ Boot neben einem erlegten Wal

283he smn

4

Neujahrsnacht 1720/21 – Düne und Insel werden getrennt

Das Witte Kliff verschwindet weitgehend im Meer

Vor ein paar Hundert Jahren war Helgoland etwa viermal so groß wie heute. West- und Ostteil der Insel verband die Landbrücke De Woal, ein Wall aus Geröll und Sand. Im Bereich der heutigen Düne erhob sich damals ein mächtiger Kreidefelsen – das **Witte Kliff.** Er bestand aus **Ablagerungen von verfestigtem Muschelkalk.** Schon im 15. Jahrhundert begannen die Helgoländer, diesen abzubauen und als Baustoff in großem Stil ans Festland zu verkaufen. Er wurde in den Hansestädten verbaut und ist auch heute noch in den Fugen alter Steinhäuser zu finden. Der Kalkabbau unterhöhlte die Insel nach und nach, hinzu kamen gewaltige Stürme und Fluten, die beständig Schaden anrichteten. **1711 während einer großen Sturmflut** versank das Witte Kliff weitgehend im Meer, seine Kreidefelsen bilden aber nach wie vor den Sockel für die heutige Insel Düne. Einige Jahre später in der Nacht auf den **1. Januar 1721** wurde die schmale Landbrücke ebenfalls weggespült und Helgoland war von diesem Zeitpunkt an durch eine breite Rinne zwischen Hauptinsel und Düne getrennt.

297he mna

4

Helgoländer Geschichte

Die britische Besatzung

**Eroberung
durch die
Engländer
im Jahr 1807**

Seit 1665 arbeiteten die Helgoländer auch als **Lotsen** – zunächst als Privileg rund um die Insel und ab 1787 in der ganzen Deutschen Bucht. Erst mit der **Eroberung der Insel durch die Engländer im Jahr 1807** endete das Helgoländer Lotsenwesen. Statt der dänischen Nationalflagge wehte nun also die britische über der Insel. Vorausgegangen war die Niederlage *Napoleons* in der Seeschlacht von Trafalgar am 21. Oktober 1805. Daraufhin erhob er eine Kontinentalsperre, die den Handel zwischen Großbritannien und dem Kontinent verhindern sollte. Als Antwort darauf besetzten die Engländer dann 1807 Helgoland, was die Inselbewohner fast ihrer Existenzgrundlage beraubte. Es kam zur **schlimmsten Hungersnot der Inselgeschichte.** Erst als sich das Eiland aufgrund seiner geografischen Lage als **idealer Schmuggelstützpunkt** für die englischen Handelshäuser entwickelte, kam es bis 1813 zu einem wirtschaftlichen Aufschwung.

Bei den englischen Besatzern waren die Insulaner als Lotsen, Umschlagshändler und Vermieter von Lagerräumen sehr gefragt. Nach der Niederlage der britischen Gegner, den politischen Verbündeten Dänemark und Frankreich, **endete die Kontinentalsperre** und Helgoland blieb weiter britisch. Doch das bekam der Inselökonomie nicht gut, denn das Schmuggelgeschäft endete abrupt. Als dann auch noch die Seehäfen an Ems, Weser und Elbe ihr eigenes Lotsenwesen aufbauten, kehrte die Armut wieder nach Helgoland zurück. Die alten Erwerbszweige Fisch- und Hummerfang, die Bergung von Strandgut oder Lotsendienste reichten für das tägliche Leben kaum noch aus.

> **UNSER TIPP:** Auf dem Unterland an der Landungsbrücke beginnt ein **Lehrpfad zur Inselgeschichte,** der ab dem zweiten Haltepunkt im Uhrzeigersinn um das Oberland herumführt. 16 Gelb markierte Pyramiden mit vielen Informationen weisen den Weg. Eine entsprechende Broschüre mit Karte ist bei der Helgoland Touristik erhältlich.

◁ Binnenhafen mit der Düne am Horizont

4

Gründung des Seebads

Jacob Andresen Siemens

Schon Ende des 18. Jahrhunderts kamen vereinzelt die ersten Naturfreunde und Forscher nach Helgoland, beeindruckt von der Einzigartigkeit der Flora und Fauna auf den insularen Steilfelsen vor der deutschen Küste. Ab 1823 beschäftigte sich der gebürtige Helgoländer Schiffszimmermann **Jacob Andresen Siemens** mit der Idee, die Insel zu einem Seebad zu machen, um zahlungskräftige Erholungssuchende anzulocken. Die ersten

Helgoland. Badeleben auf der Düne.

Seebäder in England sowie an der Ost- und Nordsee hatten ihn zu diesem Gedanken angeregt. Trotz des heftigen Widerstands seitens der Insulaner setzte Siemens sein Vorhaben am 9. Februar 1826 mit Unterstützung von 18 Aktionären aus Hamburg und Altona in die Tat um und gründete eine **See-Badeanstalt.** Zu seinen Lebzeiten fand *J. A. Siemens* jedoch keine Anerkennung und Würdigung mehr. Am 19. September 1849 starb er verarmt in London an der Cholera.

⌄ Auch die Nebeninsel Düne wird zum Seebad

289he amh

4

Alles begann mit vier **Badekarren** auf der Düne und zweien am Südstrand sowie sechs **Wannen** für warme Bäder. Die erste Saison brachte rund 100 Badegäste nach Helgoland, zwei Jahre später waren es bereits doppelt so viele. Doch einen Hafen gab es noch nicht, und so mussten alle Besucher von den ankommenden Schiffen ausgebootet werden. Dieses Privileg hatten nur die Helgoländer Fischer. Eine Besonderheit der Insel war damals die **„Fremdentrauung"**, bei der Gäste schnell und ohne Aufgebot heiraten konnten.

Als besonders segensreich für Helgoland erwies sich der niederländische Badearzt *von Aschen,* der viel für das gesunde Klima der Insel warb und vor allem **medizinische Argumente** betonte. „In Bezug auf den Genuss der Seeluft hat Helgoland vor vielen anderen Seebädern den Vorteil seiner Lage weit im Meere voraus, wodurch bei jeder Windrichtung die Seeluft nicht mehr von der Landluft verdrängt wird", beschrieb 1869 ein Buch über Nordseebäder von *Dr. Julius Braun* die Vorteile. Die Insel wurde schnell zum angesagten Reiseziel bei Künstlern, dem Adel und anderen Gästen, die es sich leisten konnten. Unter anderem schrieb der Germanistikprofessor *August Heinrich Hoffmann* – genannt **Hoffmann von Fallersleben** – 1841 auf Helgoland den Text der späteren deutschen Nationalhymne (siehe Exkurs „Die deutsche Nationalhymne"). Etwa um diese Zeit entwickelte *von*

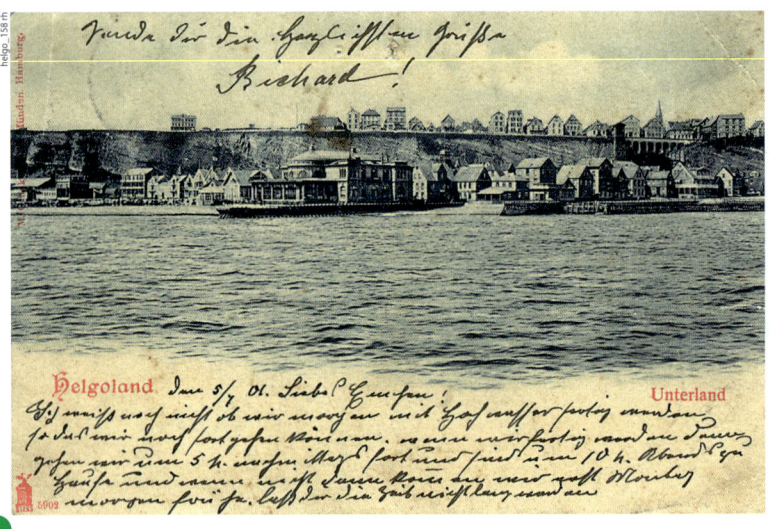

Aschen ein **Naturschauspiel** der besonderen Art. Sehr zerklüfte-
te und romantische Stellen der Helgoländer Steilküste wurden in
der Dunkelheit mit bengalischen Feuern ausgeleuchtet und
boten den Besuchern ein unwirkliches und erhabenes Licht-
spektakel.

Richtig Aufschwung nahm der Tourismus, als im Jahr 1829
das erste **Seebäderschiff** „De Beurs van Amsterdam" von den
Niederlanden aus und ab 1834 von Hamburg aus die Raddamp-
fer „Patriot" und „Elbe" die Insel regelmäßig anfuhren und damit der sogenannte Seebäderdienst aufgenommen wurde. Bereits 1838 kamen mehr als 1000 Gäste auf die Insel. Nach und
nach wurde der Tourismus zu einem **wichtigen Wirtschaftsfak-
tor** und ein gewisser Wohlstand kehrte auf die Insel zurück. Der
britische Gouverneur *Sir Henry Maxse* (1832–1883), der später
sogar den Titel eines Kurdirektors ehrenhalber führen durfte,
gründete verschiedene öffentliche Einrichtungen wie ein „Con-
versationshaus", ein Warmbadehaus, eine Schwimmhalle und
1868 sogar das „Kurtheater". Da die meisten Gäste aus dem Bil-
dungsbürgertum kamen, wurde das Angebot gern angenom-

☐ Grüße aus Helgoland

Die deutsche Nationalhymne

Die Geschichte der deutschen Nationalhymne und wie der Theologe, Philosoph und Germanistikprofessor **August Heinrich Hoffmann von Fallersleben (1798–1874)** dazu kam, den **Text** zu schreiben, ist kurios: 1830 wurde *Fallersleben* zum außerordentlichen Professor ernannt und habilitierte sich 1835 zum Professor der deutschen Sprache und Literatur. Er war Dichter und Gelehrter zugleich, Volksliedsammler, Kirchenliedforscher und ein politisch engagierter Liedermacher. Auch verfasste er viele Kinderlieder, darunter „Alle Vögel sind schon da" und „Ein Männlein steht im Walde".

Zeitlebens brachte ihn sein **kritischer Geist** und schwieriger Charakter in Misskredit. Als *Hoffmann von Fallersleben* 1841 von Hamburg nach Helgoland übersetzte – damals war das Eiland britisch – spielte die Schiffskapelle zwei Lieder: die Marseillaise für die französischen und „God save the king" für die britischen Fahrgäste. Die Deutschen an Bord wurden zwar auch begrüßt, aber ohne Musik, und das wollte *Hoffmann von Fallersleben* nicht einfach so hinnehmen. Nach seiner Ankunft machte er sich daran, „Das Lied der Deutschen" zu dichten.

Seit dem Jahr 1815 bestand Deutschland aus vielen Einzelstaaten. Der visionäre Dichter träumte von einer vereinigten Nation. Und diesen Wunsch drückte er bereits in der ersten Zeile aus: „Deutschland, Deutschland über alles". Das Deutschlandlied bestand aus drei Strophen. Es wurde gefeiert, geändert, vor allem von den Nationalsozialisten missbraucht und viel diskutiert. Die **Musik** der deutschen Nationalhymne wurde jedoch schon viel früher komponiert. Sie stammt aus dem Lied „Gott erhalte Franz, den Kaiser" von **Joseph Haydn (1732–1809),** einer Lobpreisung des österreichischen Regenten *Franz II.*

Erst im Jahr 1922 ließ der deutsche Reichspräsident und Sozialdemokrat *Friedrich Ebert* das **Deutschlandlied** erstmals offiziell aufführen – allerdings ohne den Begriff „Nationalhymne" zu verwenden. Er befand, dass „die Sehnsucht aller Deutschen" im Dreiklang „Einigkeit und Recht und Freiheit" sehr treffend ausgedrückt sei.

Nach dem Mauerfall wurde die dritte Strophe des Deutschlandlieds zur Nationalhymne des wiedervereinten Deutschlands, auch wenn es bis heute kein förmliches Gesetzt dafür gibt. Der Text lautet:

Einigkeit und Recht und Freiheit
für das deutsche Vaterland.
Danach lasst uns alle streben
brüderlich mit Herz und Hand.
Einigkeit und Recht und Freiheit
sind des Glückes Unterpfand:
Blüh im Glanze dieses Glückes,
blühe, deutsches Vaterland.

Auf Helgoland verfasste *Hoffmann von Fallersleben* übrigens noch **ein weiteres Gedicht,** und zwar im Sommer 1842, das er speziell der Insel widmete. In seiner Schlichtheit ist es ein starker Kontrast zum politisch aufrüttelnden Deutschlandlied. Es galt lange als verschollen und wurde erst in jüngerer Vergangenheit wieder zutage gefördert:

> Der Vater der deutschen Nationalhymne

„Freunde, geht ins Seebad!
Jedes Leid und Weh
lindert und beschwichtigt,
scheucht und heilt die See.

Jedem wird Genesung
in der See zuteil,
jedem Rang und Stande
bringt das Seebad Heil.

Wer auf festem Lande
nirgend Heilung fand,
wird sie wahrlich finden
dort in Helgoland. –

Vetter Michel höret
dieses frohe Wort,
macht sich auf und eilet
nach der See sofort.

Und er badet täglich
in des Weltmeers Flut,
denn er weiß, das Seebad
machet alles gut."

Zum 50. Jahrestag der Entstehung des Deutschlandlieds errichteten die Helgoländer ein **Denkmal mit der Büste des Hoffmann von Faller-
leben.** Diese wurde bei der Bombardierung der
Insel am 18. April 1945 beschädigt und galt lange als verschollen, bis sie in Dithmarschen wieder auftauchte. Anhand alter Fotos rekonstruier-
te der Bildhauer *Hans Heinz Domke* aus Marne
Fallerlebens Gesicht und die Büste wurde rekonstruiert. Seit dem 119. Jahrestag der Entstehung
des Deutschlandlieds im Jahr 1960 steht sie an
der Helgoländer Landungsbrücke und erinnert
an den Literaten und Quergeists.

285he mna

men. Das Helgoländer „**Kurtheater**" erlangte durch niveauvolle Darbietungen auch überregional einen guten Ruf, dem namhafte Darsteller gern folgten. *Maxse* ließ ebenfalls augenfällige Gästehäuser bauen, auch die **erste Landungsbrücke** entstand 1869 am Südstrand. Als *Maxse* 1882 die Insel verließ, wiesen bereits alle Vorzeichen auf weiteres Wachstum hin. 1886 besuchten schon 8340 Menschen die Insel und sie kam in Mode. Die Reedereien boten ihren Gästen viel Bequemlichkeit bei der Überfahrt und setzen auf gehobene Gastronomie an Bord. Den Helgoländern ging es unter den Briten gut, beide Parteien verstanden sich ausgezeichnet. Aus der Idee des Seebadgründers *J. A. Siemens* hatte sich die inzwischen wichtigste Einnahmequelle für die Helgoländer entwickelt.

⌄ Landungsbrücke und Kurhaus 1895

294he amh

4

290he mhas

Helgoland wird deutsch

1890 stand ein erneuter Flaggenwechsel an, denn die Insel wurde mit dem **Helgoland-Sansibar-Vertrag** an das Deutsche Reich übergeben. Das Bestreben, Helgoland zu erwerben, deutete sich schon 1872 an, als der spätere deutsche **Kaiser Wilhelm II.,** ein Enkel der britischen *Queen Victoria,* verkündete, dass Helgoland eigentlich zu Deutschland gehören müsse. Dahinter steckten **strategische Gründe.** Aber erst am 1. Juli 1890 wurde die Insel Teil des deutschen Kaiserreichs, als Deutschland große Teile seiner ostafrikanischen Kolonien an die Briten abtrat, deren Herrschaft über Sansibar anerkannte und dafür Helgoland bekam. Das gefiel nicht allen. Spötter kommentierten die Vereinbarung mit der Bemerkung, man habe eine „Hose gegen einen Hosenknopf" getauscht.

⌃ Kaiser Wilhelm II. vor dem Gouverneurshaus 1890, Foto von Franz Schensky

4

Hoher Besuch

Am 10. August 1890, einem Sonntag, legte ein Schaufelraddampfer vor der Insel an: **Kaiser Wilhelm II. besuchte Helgoland,** um im Beisein von britischen und deutschen Delegationen sowie vielen geladenen Gästen mit einem Festakt offiziell die deutsche Flagge zu hissen. Fast jährlich kam er später zu Besuch. Politisch wurde die Insel dem preußischen Staat und die Gemeinde der Provinz Schleswig-Holstein zugeordnet. Die Helgoländer brauchten sich nicht groß umzustellen, denn ihre eigene Sprache Halunder, das Helgoländer Friesisch, hatten sie von jeher gepflegt, und auch vom **Zoll** blieben sie weiterhin unbehelligt. Bis heute dürfen sie mit zollfreien Waren handeln. Aufgrund seiner strategischen Bedeutung als Militärstützpunkt wurde Helgoland in den nachfolgenden Jahren **zu einer Seefestung ausgebaut.** Denn von der Insel aus ließen sich die Mündungen der Flüsse Elbe und Weser durch auf dem Oberland stationierte große Geschütze kontrollieren. Auch der Stützpunkt der kaiserlichen Marine in Wilhelmshaven war ebenso in Reichweite, wie der gerade im Bau befindliche Kaiser-Wilhelm-Kanal, der heutige Nord-Ostsee-Kanal.

„Helgoland, du deutscher Port,
Schütze uns nun immerfort.
Sende deine Feuerszeichen,
Dass die Feinde scheu entweichen.
Zeige dich als starke Wehr,
Uns zum Ruhme, dir zur Ehr.“

Postkartenvers von 1901

Um 1890 entstand mit Hilfe von Landaufspülungen vor der Südspitze der Insel ein **Marinehafen.** Die Königlich Preußische Bauverwaltung gab die Errichtung eines runden, gemauerten neuen **Leuchtturms** in Auftrag, den seit 1911 bestehenden „Englischen Leuchtturm" trug man anschließend ab. Der neue Leuchtturm wurde mit einem elektrischen Blinkfeuer ausgestattet, dessen Reichweite rund 23 Seemeilen betrug. Zum Schutz der brandungsgefährdeten Westküste begann man 1903 mit der Errichtung eines schützenden Bauwerks, der sogenannten **Preußenmauer,** deren größter Teil bis 1913 entstand. Abgeschlossen wurden die Arbeiten jedoch erst im Jahr 1927. Von 1908 bis 1916 baute die Kaiserliche Marine für 50 Millionen Goldmark den Südhafen als **Kriegshafen** aus.

Heinrich Heine auf Helgoland

Der 1797 in Düsseldorf geborene jüdische Dichter, Schriftsteller und Journalist war einer der bedeutendsten deutschen Dichter und **prominenter Freund Helgolands.** Als kritischer Denker und Schriftsteller wurde er bewundert und zugleich gefürchtet. Seine Außenseiterrolle in der Gesellschaft prägten sein Leben und literarisches Werk. Die Bekanntheit als Seebad verdankt die Insel zu großen Teilen ihm. Eine **Gedenktafel** im Boden bei der Landungsbrücke erinnert deshalb an den Dichter. Im August 1823 versuchte Heine das erste Mal, auf den roten Felsen zu gelangen. Obwohl es Hochsommer war, geriet das Schiff, auf dem er sich befand, offenbar in einen schweren Sturm, der ihn zu einem Gedicht veranlasste, dessen letzte Strophe alles über seine Nöte sagt:

„Ein Fluchen, Erbrechen und Beten
Schallt aus der Kajüte heraus;
Ich halte mich fest am Mastbaum
Und wünsche: Wär ich zu Haus."

Die Insel erreichte er dieses Mal nicht. Trotzdem nahm der **Nordseefan** Heine 1829 einen neuen Anlauf und dieses Mal gelang das Abenteuer. „Wohl und heiter" grüßte der Dichter aus Helgoland und machte sich daran mit der für ihn charakteristischen Spottlust über diverse Witzfiguren unter den dort Anwesenden herzuziehen. Das trug ihm eine Duellforderung ein, aus der freilich nichts wurde. Fast schon sarkastisch ist

sein Kommentar zum Selbstmord des Vogeljägers Vogt aus Liebeskummer: „Er schoß noch viele Vögel, manch hübschen Vogel und den merkwürdigsten zuletzt."

Nur über Helgoland selbst fand er allerbeste Worte, wie ein Protokollant betont, „ohne Ironie" – was bei ihm wohl selten war. „Das Meer ist mein wahlverwandtes Element, und schon sein Anblick ist heilsam", schwärmte er. Gegenüber der britischen Herrschaft hatte er jedoch eine kritische Haltung, sie war ihm „hinlänglich fatal" und er lästerte über deren „plumpe Küche". Genauso wie er über einen unter ihm wohnenden Holländer herzog, „dieses indifferente Fettgesicht … indolent und ausgebuttert wie der Käse, mit dem er handelt".

Alles in allem sind Heines Beobachtungen und Wortklaubereien zum Thema Helgoland den **zahlreichen Briefen** zu entnehmen, die er insbesondere bei einem zweiten Inselaufenthalt im Jahre 1830 an Freunde und Verwandte schrieb und dabei, wie immer, kein Blatt vor den Mund nahm. Wie gut es ihm auf der Insel gefiel, geht aber schon ohne Worte daraus hervor, dass er – sehr zum Verdruss heutiger Heine-Forscher, die über einer chronologischen Einordnung verzweifeln – bei seiner Korrespondenz immer wieder das Datum vergaß oder die Wochentage verwechselte. 1848 erlitt Heinrich Heine einen gesundheitlichen Zusammenbruch, von dem er sich bis zu seinem Tod am 17. Februar 1856 nicht mehr richtig erholte. Seine Todesursache ist bis heute ungeklärt.

293he

Der Erste Weltkrieg

**3000 Helgo-
länder
müssen
die Insel
verlassen**

Der Badebetrieb florierte in den letzten Sommern vor dem Ersten Weltkrieg, bis zu 100.000 Gäste kamen jährlich nach Helgoland. Die schnelleren Schiffsverbindungen ließen nun auch **Tagesausflüge** zu. Ende Juli 1914 war es damit aber vorbei: Wegen
des Ausbruchs des Ersten Weltkriegs mussten die Badegäste innerhalb von 24 Stunden die Insel verlassen. Das Deutsche Reich
verkündete den Kriegszustand für den Bezirk Helgoland. Aber
die ersten Verlierer des Kriegs waren die Helgoländer selbst, kurz
darauf im August **1914 mussten sie die Insel verlassen.** Sie durften nur das zum Leben Notwendige mitnehmen und mussten
ihre Häuser unverschlossen zurück lassen. Mit zwei Schiffen der

⌂ Helgoland auf einer Postkarte um 1890 bis 1900

4

deutschen Reederei HAPAG kamen die gut 3000 Insulaner nach Altona und Hamburg, rund ein Drittel von ihnen brachte man vorerst nur notdürftig in Auswandererhallen unter. Für dauerhafte Unterkunft wurde in Gemeinden des Kreises Pinneberg gesorgt. Bürgermeister *Friederichs* rief dazu auf, die auswärtigen Unterkünfte mit Helgoländer Flaggen zu schmücken.

Dem waffenstarrenden Helgoland kam mit 4000 Mann Besatzung eine **bedeutende Rolle im Krieg** zu. Der **Kriegshafen** der Insel wurde zu **einem der wichtigsten deutschen Häfen,** hier waren auch die meisten U-Boote stationiert. Bereits am 28. August 1914 kam es zu einem Seegefecht zwischen der Kaiserlichen Marine und der britischen Royal Navy. Es endete mit einem britischen Sieg, drei kleine Kreuzer und ein Torpedoboot der Deutschen wurden versenkt. Im November 1917 fand bei Helgoland ein weiteres Gefecht zwischen deutschen und britischen Seestreitkräften statt. In den minenverseuchten Gewässern konnte aber keine Seite entscheidende Vorteile für sich verbuchen.

Zwischen zwei Kriegen

Abrüsten

Nach dem am 11. November 1918 ausgehandelten **Waffenstillstand von Compiègne** kehrten die Helgoländer erst im Dezember 1918 wieder auf ihren roten Felsen in der Nordsee zurück. Sie erwartete eine böse Überraschung: Viele Gebäude waren verwüstet und geplündert. Auf Grundlage des Versailler Vertrags mussten alle militärischen Anlagen auf Helgoland entfernt oder unbrauchbar gemacht werden. Eine **britische Abrüstungskommission** die im Hotel „Empress of India" untergebracht war, überwachte diese Vorgänge und übernahm für fast zwei Jahre das Kommando auf der Insel. Dennoch war den Helgoländern daran gelegen, die Entmilitarisierung auf ein Mindestmaß zu beschränken. Manche Stollen, wie zum Beispiel der Tunnel zum Oberland, wurden nur durch Plomben verschlossen, und von der Westmole des Südhafens zerstörte man nur wenig. Geschütze und sonstige Waffen wurden unbrauchbar gemacht und anschließend verschrottet.

Notgeld-scheine

Vor allem gegen Ende des Ersten Weltkriegs wurde das Münzgeld für Kriegszwecke eingezogen und durch **Notgeldscheine** ersetzt, die regional sehr unterschiedlich aussahen und auch nur regionale Gültigkeit besaßen. Es herrschte dementsprechend chronischer Kleingeldmangel, auch nach Kriegsende, als das Notgeld aber auch noch den Anforderungen des örtlichen Zahlungsverkehrs genügte und als allgemeines Zahlungsmittel akzeptiert war. Zwischen 1919 und 1921 erschien eine Anzahl von Ausgaben der „Spar- und Leihkasse der Landgemeinde Helgoland". Die Heimatverbundenheit der Insulaner drückte sich auch in den **sorgfältig gestalteten Helgoländer Geldscheinen** aus. Abgebildet wurden darauf Inselansichten mit auffälligen Felsformationen, aber auch Insulaner und der Hummer zierten das **Inselnotgeld.** Einige dieser schönen Scheine wurden dann auch gar nicht eingelöst, die Ausgabestellen erkannten bald, dass sie in Sammlerhand verblieben.

Der Seebäder-tourismus erlebt einen erneuten Aufschwung

Der **Seebädertourismus** erlebte in den 1920er-Jahren glücklicherweise einen **erneuten Aufschwung,** Kaufleute, Literaten und Prominente wurden zu Stammgästen auf dem Eiland. 1925 eröffnete auf Helgoland die allererste Jugendherberge. Die in dieser Zeit weit verbreiteten Diskriminierungen und Ausgrenzungen von jüdischen Badegästen, die es in vielen anderen deutschen Seebädern gab, blieben auf Helgoland weitgehend aus, die Insel hatte keine antisemitische Reklame nötig. Dennoch entwickelte sich die rechtsradikale NSDAP ab 1928 zur tonangebenden politischen Kraft. Die Weltwirtschaftskrise ließ gegen Ende des Jahrzehnts die Geschäfte auf Helgoland schlechter laufen. Diese Situation bot einen perfekten Nährboden für die Ideologie der Nationalsozialisten.

Nach wie vor war aber auch der **Fischfang** ein wichtiger Erwerbszweig für die Insulaner, obwohl die industrielle Fischerei langsam Einzug hielt und den Kleinfischern die Vermarktung ihrer Fänge erschwerte. Der Ausbau des Helgoländer Hafens hatte zudem den Hummerfischern wichtige Fanggebiete zerstört, sodass sie weitere Strecken zurücklegen mussten, um auf einträgliche Fangmengen zu kommen. Der Helgoländer Hummer galt als Delikatesse und die Fangquote hatte 1937 mit rund 87.000 Tieren ihren Höhepunkt. Allerdings mit drastischen Folgen: Die Vorkommen gingen danach so stark zurück, dass diese Spezies heute bedroht ist.

▷ Die Landungsbrücke in den 1920er-Jahren

4

296he amh

Der Nationalsozialismus

Erneute Aufrüstung

Am 30. Januar 1933 begann die nationalsozialistische Herrschaft im Deutschen Reich und *Adolf Hitler* wurde zum Reichskanzler ernannt. Schon 1934 plante man den Ausbau Helgolands unter militärischen Aspekten, und er sollte noch umfangreicher werden, als während der Kaiserzeit. Bereits 1934 wurde mit der **Aufrüstung** begonnen und die alten Kasematten sowie der Tunnel zum Oberland wieder zugänglich gemacht. Der Tunnel war mit Schienen ausgestattet, auf denen eine Feldbahn den Binnenhafen mit der Nordspitze der Insel verband. 1939 wurde die Düne zum Sperrgebiet erklärt, damit **verlor Helgoland seine Attraktivität als Reiseziel** und den Status als Kurort. Die zahlungskräftigen Gäste blieben aus. So stand das Inselleben schnell unter den Vorzeichen des Zweiten Weltkriegs. Lediglich die nationalsozialistische Organisation „Kraft durch Freude" (KdF) forcierte noch eine Zeit lang den wenig einträglichen Massentourismus nach Helgoland, um die Freizeit der Deutschen auch dort zu gestalten, zu überwachen und gleichzuschalten. 1935 kamen 246.200 Besucher auf die Insel, die meisten über organisierte KdF-Reisen.

4

Das Projekt „Hummerschere"

Helgoland sollte zum größten eisfreien deutschen Kriegshafen werden

Bereits 1937 standen die ersten Flak-Batterien (Flugabwehrkanonen) und schwere Schiffsgeschütze auf der Insel, meist an den selben Standorten wie schon zur Kaiserzeit. Das Marinebauamt baute auch das Südhafengelände militärisch aus. Zivilpersonen blieb der Zugang dorthin verwehrt, und außerhalb der Ortschaft war das Fotografieren verboten. Am 23. August 1938 besuchte der deutsche Reichskanzler *Adolf Hitler* die Insel, wo ihm das Projekt „Hummerschere" vorgestellt wurde. Damit sollte Helgoland zum **größten eisfreien deutschen Kriegshafen** ausgebaut werden, der die ganze deutsche Flotte hätte aufnehmen können. Nördlich der Düne war ein riesiges Hafenbecken geplant, dafür wollte man den alten Felssockel rund um Helgoland und Düne als Fundament für Molen und Uferbefestigungen nutzen. Es war vorgesehen, beträchtliche Zwischenräume aufzuspülen und so die Insel innerhalb von 30 Jahren auf ein Vielfaches ihrer ursprünglichen Größe zu bringen. 1939 begann man zusätzlich mit dem Bau des U-Boot-Bunkers „Nordsee III" im Südhafen. Hel-

291he amh

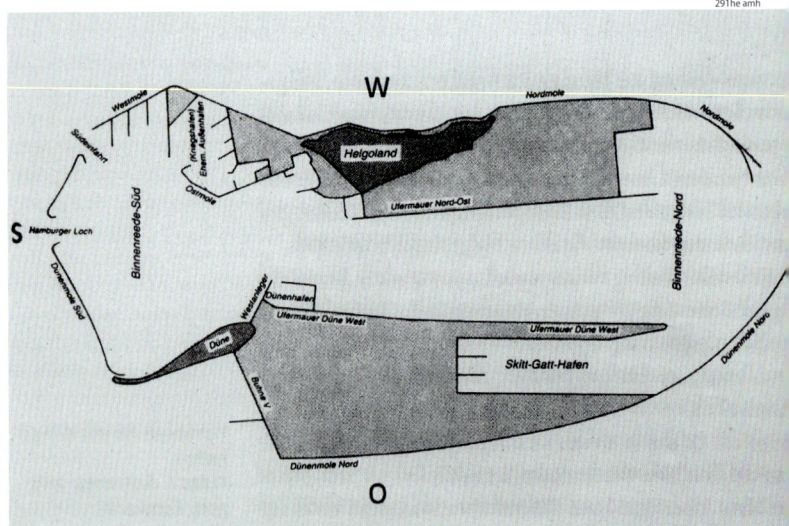

4

goland sollte wieder, wie zur Kaiserzeit, deutscher U-Boot-Stützpunkt werden. Der deutsche Reichskanzler *Adolf Hitler* nahm die Baufortschritte mehrfach höchstpersönlich in Augenschein. Aus Kostengründen und Materialmangel wurde 1941 das Projekt „Hummerschere" jedoch **abgebrochen.** Noch heute sichtbare Ergebnisse sind das Helgoländer **Nordostgelände** und die **Düne** wurde nach Norden hin deutlich vergrößert und auf ihr der Flugplatz für die Luftwaffen-Jagdstaffel Helgoland installiert.

Der Zweite Weltkrieg

**Bau der
Luftschutz-
bunker**

Mit Kriegsbeginn am 1. September 1939 wurde auch das Helgoländer Oberland zum **Sperrgebiet** erklärt. Neben dem **Leuchtturm** entstand ein neuer Flak-Leitstand. Als einziges Bauwerk der Insel überdauerte er die Bombardierungen und wird heute als Leuchtturm für die Deutsche Bucht genutzt. Mit Ausnahme wehrmachtstauglicher Männer blieben die Halunder vorerst auf der Insel, auch Fisch- und Hummerfang wurden weiter ausgeübt. Helgoland war für die Alliierten zunächst kein Angriffsziel, denn Inseln hatten durch die Weiterentwicklung der Luftwaffe **an strategischer Bedeutung verloren.** Vereinzelt gab es jedoch Angriffe aus der Luft. Darum begann man 1940 mit dem Bau umfangreicher **Luftschutzbunker** im Fels der Insel. Ungefähr 400 Arbeiter bauten an den Stollen, in denen sich Nischen für Toiletten- und Sanitätsräume für die Zivilbevölkerung befanden. Für die Errichtung der Luftschutzanlagen und anderer Militäreinrichtungen wurden auf Helgoland auch Zwangsarbeiter eingesetzt

Widerstand

Erst im Frühjahr 1943 nahmen amerikanische Bomber den roten Felsen in der Nordsee erstmals unter größeren Beschuss, die Bevölkerung brachte sich in den weit verzweigten Bunkern in Sicherheit. 1945 formierte sich unter der Führung von *Erich Fried-*

◁ Zeichnung vom Projekt Hummerschere

4

Helgoländer Briefmarken

Unter britischer Ägide gab Helgoland **ab 1867 eigene Briefmarken** heraus, nachdem dort zuvor etwa fünf Jahre lang Hamburger Ausgaben verwendet worden waren. Die meisten Briefmarken waren mit einem zentralen Relief der *Königin Victoria* geschmückt, einige weitere mit dem Inselwappen und numerischen Motiven. Obwohl die Ausgabestätte auf Englisch „Heligoland" lautete und die Marken die britische Herrscherin abbildeten, lautete die Währungsangabe „Schilling" statt Shilling – benannt nach der Hamburger Kurantwährung. Philatelistisch werden die Helgoländer Marken denn auch dem altdeutschen Sammelgebiet zugeordnet und sind in jedem entsprechenden Katalog zu finden. Als 1875 die deutsche Reichswährung auf der Insel eingeführt wurde, wurde der Wert zweisprachig in Farthing (bzw. Pence) und Pfennig angegeben. Die meisten Helgoland-Marken werden heute als **Raritäten** mit Werten von mehreren Tausend Euro gehandelt.

Insgesamt gelangten **lediglich 20 Helgoländer Marken** zur Ausgabe. Der Helgoländer Philatelist *Rudolf Mensendiek* besitzt eine Kollektion, die sich über mehrere Alben verteilt. In seiner Sammlung, von denen heute Teile im Museum Helgoland ausgestellt werden, befinden sich nicht nur die Originalausgaben, sondern sämtliche Abarten, verschiedene Stempel, Fehl- und Neudrucke, darunter als Kuriosität sogar ein **kompletter Bogen mit einer kopfstehenden Mittelprägung der Königin Victoria.** Wer heute Helgoländer Marken für Sammlerzwecke erwirbt, sollte vor allem die teureren Ausgaben

helgo_154

von Fachleuten sorgsam prüfen lassen und sich deren Echtheit bestätigen lassen.

Postwertzeichen mit Inselmotiven erschienen auch im Dritten Reich und zu Zeiten der Bundespost. Selbst einige Marken von Bhutan (!), Ghana, Mauretanien und Paraguay nehmen auf Helgoland Bezug, doch in allen diesen Fällen kann natürlich nicht von wahren „Helgoländern" die Rede sein. Kurios ist die **Geschichte einer Sondermarke,** die die Halunder gern 1990 aus dem Anlass, dass die Insel 100 Jahre deutsch war, auf ihre Briefe geklebt hätten. Weit im Vorfeld war der Entwurf schon fertig und alles guter Hoffnung, doch die Post machte den Plänen einen Strich durch die Rechnung. Bereits 1972 war eine Helgoland-Marke erschienen. Da aufgrund der Post-Richtlinien ein Ort oder eine Person nur alle 20 Jahre mit einer Sonderausgabe gewürdigt werden darf, gingen die Pläne nicht auf. Immerhin reichte es 1987 für eine 70-Pfennig-Serienmarke mit der Langen Anna, und 2010 war es

noch einmal so weit – erneut gab es „Helgoland mit Zähnen".

Diese Marke mit dem Motiv „100 Jahre Vogelwarte Helgoland" wurde dann 2012 von einer chinesischen Jury zur **schönsten Briefmarke der Welt** gekürt. Ihr Vorsitzender kam sogar aus dem 8000 Kilometer entfernten Peking und überreichte in der „Postbude" des Museums Helgoland den Preis offiziell. Anlässlich dieser besonderen Gelegenheit gab es sogar einen zweisprachigen Sonderpoststempel. Mehr zur Geschichte des Postwesens und zu Ansichtskarten Helgolands gibt es im **Museum Helgoland** zu entdecken.

UNSER TIPP: Es gibt Philatelisten, die auf Schiffen abgestempelte Briefmarken sammeln. Wer einen Brief oder eine Postkarte im Museum Helgoland in den Briefkasten in der Hummerbude einwirft und an sich adressiert, erhält seine Sendung mit dem **Schiffsstempel** wieder zurück.

helgo_155-1

helgo_155-3

helgo_155-2

helgo_155-2

richs und *Georg Braun* eine kleine **Widerstandsgruppe** auf der total vom Militär kontrollierten Insel. Sie wollten Helgoland kampflos an die Engländer übergeben und so vor der völligen Zerstörung bewahren. Doch ein Verrat führte am 18. April 1945 zur Verhaftung einiger Mitglieder der Widerstandsgruppe, die nach Cuxhaven gebracht und nach einem Schnellverfahren am 21. April 1945 erschossen wurden. Sechs „Stolpersteine" auf Helgoland erinnern seit April 2010 an die mutigen Männer.

Helgoland wird unbewohnbar

Am 18. und 19. April 1945 flog die Royal Air Force mit fast 1000 Maschinen ihren letzten **Vernichtungsangriff** gegen die Insel. Beim sogenannten Double Blow wurden etwa 7000 Bomben abgeworfen und Helgoland in Schutt und Asche gelegt. Die Bewohner flüchteten sich nur mit dem Notwendigsten in die Bunkeranlagen. Mehrere Tage harrten sie in den schlecht belüfteten unterirdischen Gängen aus und spürten die Bombendetonationen auf der Insel. Sie überlebten so größtenteils, viele Marinesoldaten und Flak-Helfer aber fanden den Tod. 285 Menschen fanden den Tod. Das Eiland war nach den Angriffen unbewohnbar geworden, und so musste die Inselbevölkerung wie schon im Ersten Weltkrieg evakuiert werden. Knapp 2000 Halunder wurden vorwiegend in Gemeinden auf dem norddeutschen Festland verteilt und die Inselgemeinde existierte fortan nicht mehr. Am 11. Mai 1945 nahmen britische Soldaten Helgoland in Besitz, es bestand für die Insulaner sieben lange Jahre keine Hoffnung auf Rückkehr mehr.

295he mhas

4.

292he amh

Big Bang

Komplette Zerstörung der militärischen Anlagen

Exakt zwei Jahre nach dem verheerenden Luftangriff auf Helgoland zündeten die Engländer am 18. April 1947 **6700 Tonnen Munition,** die in die weitläufigen Tunnel der Insel gebracht worden waren. Zur Operation Big Bang heißt es in einem britischen Protokoll: „Es ist beabsichtigt, am Tunnelsystem und am U-Boot-Bunker irreparable Schäden anzurichten und gleichzeitig 4000 BRT deutsche Munition und Sprengstoff zu zerstören, die aus Transportgründen weder entfernt noch abgeladen/ausgekippt werden können." Kistenweise wurden in den Tunnelanlagen Sprengstoff und Zünder installiert und so die **komplette Zerstörung der militärischen Anlagen** vorbereitet. Noch am 10. April 1947 wandte sich das Land Schleswig-Holstein mit der Bitte an die britische Militärregierung, von diesen Plänen abzusehen. Doch vergebens: Nach dem dritten Ton des BBC-Zeitsignals löste Leutnant *Edward C. Jellis* um 13 Uhr die bis zu diesem Zeitpunkt größte nichtnukleare Sprengung per Fernzündung

⌃ Explosion Big Bang 1947

⌃ Brennende Gebäude nach einem Luftangriff 1944

4

von einem neun Meilen entfernten Schiff aus. Unter einer gewaltigen Detonation und dumpfem Grollen verschwand die Insel in einer mächtigen Staubwolke, aus der ein Rauchpilz bis zu vier Kilometer in den Himmel schoss. 20 Minuten später, als sich die bis nach Cuxhaven sichtbare Wolke wieder gesenkt hatte, eröffnete sich jedoch zur Verblüffung aller Beteiligten ein Anblick, mit dem niemand mehr gerechnet hatte: **Helgoland war nicht im Meer versunken.** Stattdessen hatten der poröse über 200 Millionen Jahre alte Sandstein und auch der unter dem Inselmassiv gelegene Salzstock dem Explosionsdruck weitgehend standgehalten. Nur die Südspitze war in die Luft geflogen, wodurch das heutige **Mittelland** entstanden war. Im Oktober 1947 nahmen die Briten eine weitere Sprengung mit der Spirale und dem U-Boot-Bunker am Felseneck, einem riesigen Bauwerk am Falm im Oberland, vor. Danach erklärten die Briten Helgoland zum militärischen Sperrgebiet und nutzten die Insel als **Übungsabwurfplatz für Bomben.** Unzählige Bombenkrater überzogen schon bald das Felsplateau, abgesehen vom ehemaligen Flak-Turm stand schon bald kein Stein mehr auf dem anderen. Hatten die Sprengungen bereits heftige Proteste ausgelöst, regte sich durch die fortwährenden Bombenabwürfe in den nachfolgenden Jahren auch national und international Widerstand gegen die britische Regierung. Doch zu einem politischen Durchbruch kam es erst 1950.

Friedliche Invasion

Sympathische Inselkaperung

Nach dem Big Bang hatten sich Helgoländer Vereinigungen wie der Cuxhavener Club Halunner Moats uun Träs und auch der 1949 gegründete Shantychor Karkfinken – die „Kirchspatzen" – intensiv, aber ergebnislos, um die Freigabe der Insel bemüht. Dieser Prozess kam öffentlichkeitswirksam ins Rollen, als am 20. Dezember 1950 die beiden Heidelberger Studenten *Georg von Hatzfeld* und *René Leudesdorff* die Insel besetzen. Die **sympathische Inselkaperung** und das **Hissen der Bundes-, Europa- und Helgolandflagge** auf dem zerstörten Eiland zogen

[>] Wiederaufbau auf dem Unterland 1956

299he amh

weltweite Aufmerksamkeit nach sich. Der öffentliche Druck schließlich führte zu Verhandlungen zwischen Bundeskanzler *Konrad Adenauer* und den Briten. Der gebürtige Helgoländer und Clubvorsitzenden der Halunner Moats *Henry Peter Rickmers* (1919–2013), der von 1956 bis 1980 Bürgermeister Helgolands war und damit maßgeblich den Neuaufbau der Insel koordinierte, nahm ebenfalls an den Verhandlungen teil. Schon am 21. Februar 1951 beschloss die britische Regierung, die Insel an Deutschland zurückzugeben. Am **1. März 1952** war es so weit:

Die Freikarte

Für seine mutige Befreiungsaktion wurde ihr Initiator *René Leudesdorff* (1928–2012) mit dem Bundesverdienstkreuz ausgezeichnet. Aber auch die Helgoländer zeigten sich nicht undankbar. Sie machten den Inselbefreier zwar nicht zum Ehrenbürger, aber er erhielt eine Gratiskarte für das Freibad – auf Lebenszeit.

Helgoland war frei und der Ministerpräsident von Schleswig-Holstein, *Friedrich-Wilhelm Lübke,* übernahm offiziell die Verwaltung. Auf dem Festland läuteten die Kirchenglocken und die Helgoländer durften mit dem sehnsüchtig erwarteten **Neuaufbau** der Insel beginnen. Bis heute ist der 1. März auf der Insel ein Feiertag.

Der Neuaufbau ist beispiellos

Neue Chance

Nicht der Zufall sollte den Wiederaufbau der Insel gestalten, sondern die vollständige Zerstörung die Chance bieten, alte Missstände zu beheben. Bereits 1951 war deutschlandweit ein **Architekturwettbewerb** für das städtebauliche und architektonische Konzept ausgeschrieben worden, an dem sich 122 Büros beteiligten. Explizit war gewünscht, bei der Gestaltung der Stadtlandschaft neue Wege zu gehen.

Doch zunächst mussten die **Trümmer geräumt** und die **zahlreichen Blindgänger** gefunden und entschärft werden. Denn es war ein gefährliches und teilweise unmögliches Unterfangen, sich auf der Insel zu bewegen. Bereits am 3. März 1952 legte ein Wohnschiff an, ein Ponton mit einer großen Holzbaracke des Wasser- und Schifffahrtsamtes (WSA). Helgoländer Fischer mit ihren Hummerkörben und Handwerker kamen auf die Insel, ausschließlich Männer durften sie zu dieser Zeit betreten. Die Handwerker wurden vorerst in den Kellern zerstörter Häuser untergebracht, später kamen zwei Barackenlager auf dem Südhafengelände dazu. Die Versorgung der Helfer mit Nahrung und Hilfsgeräten war zu Beginn noch nicht geregelt, sodass diese Aufgabe oft von den Fischern mitübernommen wurde. Diese gingen nach dem Krieg zwar wieder dem Hummerfang nach, wurden aber – besonders in Schlechtwetterphasen, wenn sie nicht zu ihren Hummerkörben fahren konnten – mehr und mehr auch für Arbeiten an Land und beim Ausbooten eingesetzt.

Im Sommer 1952 kam **das erste Bäderschiff** nach dem Zweiten Weltkrieg nach Helgoland. Ausgebootet wurde auf der Düne, die ersten Boote dafür waren bereits in Betrieb und in kleinem Umfang verkaufte man dort bereits zollfreie Waren. Der auf

282he mhas

Norderney geborene **Kapitän und Reeder Cassen Eils** (1923–2010) fühlte sich mit Helgoland sehr verbunden und empfand die Insel als zweite Heimat (siehe auch Exkurs „Cassen Eils – ein Leben für die Seefahrt"). Sein Schiff, die MS Rudolf, fuhr am 15. Juni 1952 die Insel zum ersten Mal an. Damals transportierte sie hauptsächlich Arbeiter und Material. Selbst den **regelmäßigen Winterverkehr** mit Cuxhaven unter widrigen Wetterbedingungen hielt er aufrecht, und so konnte *Cassen Eils* bereits am 19. Mai 1953 seine 100. Fahrt nach Helgoland feiern. Insgesamt kamen allein zwischen 1952 und 1956 mehr als 500 Fahrten zusammen.

⌃ Arbeiter für den Wiederaufbau, 1952

4

Einzigartiges Architektur- und Farbkonzept

Weltweit einzigartige durchgängig homogene Bebauung

1952 wurde das sogenannte „Helgoland-Gesetz" verabschiedet, das die Helgoländer mit Vertriebenen aus dem Osten gleichstellte und in dessen Rahmen staatliche Beihilfen für den Wiederaufbau beantragt werden konnten. Bereits 1953 entstanden nach den **Entwürfen des Architekturwettbewerbs** auf dem Unterland in der Bremer Straße die ersten Versuchshäuser. Sie mussten der notwendigen hohen räumlichen Dichte gerecht werden, denn Platz war auf der Insel nach wie vor ein knappes Gut. Dann ging es schnell voran. Im Mittelland entstand ein Altenheim, zentrale Einrichtungen wurden am Südstrand gebaut und auf dem Gelände des Südhafens ein Gewerbegebiet errichtet. 1954 kamen die ersten einheimischen Familien nach Helgoland zurück, für die Eigenheime benötigt wurden. Es gab allerdings klare Regeln für deren Bau: Eine Kommission unter der Leitung des renommierten Architekten und Mitbegründers der Bauhausbewegung *Otto Bartning* (1889–1959) musste alle Hausentwürfe genehmigen.

Beeinflusst vom **Stil der Skandinavier** und den architektonischen **Elementen der Bauhaus-Ära** mit streng kubischen Bauformen und flach geneigten Dächern entstand bis in die Mitte der 1960er-Jahre die für Helgoland charakteristische und **weltweit einzigartige durchgängig homogene Bebauung**. Die

286he mna

Grundrisse orientieren sich von Ost nach West, Straßenläufe wurden leicht gebogen und führten zu dem typisch verschachtelten Ortsbild mit versetzten Häuserfluchten, die heute unter **Denkmalschutz** stehen. Um dem strengen architektonischen Grundkonzept entgegenzuwirken, wurde der Hamburger Maler *Johannes Ufer* als **Farbberater** engagiert. Er entwickelte eine **Skala aus 14 erdigen Farbtönen,** die an Helgolands Bauten konsequent zu finden sind und diese einzigartig machen. Von manchem Architekturliebhaber wurde die Insel sogar als „Blaue Mauritius der jungen bundesrepublikanischen Architektur" bezeichnet. Auch die berühmten bunten Hummerbuden am Binnenhafen nach einem Entwurf von *Georg Wellhausen* (1898–1987) entstanden in dieser Zeit. In den 1950er-Jahren waren dort kurzzeitig die Fischerfamilien untergebracht. Heute empfangen sie gleich nach der Anlandung jeden Besucher und sind zum **farbenfrohen Wahrzeichen Helgolands** geworden. Als 1965 die Insel 75 Jahre Deutschtum feierte, kam sogar Bundeskanzler *Ludwig Erhard* zu Besuch. Der Wiederaufbau wurde zu diesem Zeitpunkt als erfolgreich abgeschlossen erklärt.

Tourismus – ein schwankendes Geschäft

Butterfahrten – von Zöllen und der Mehrwertsteuer befreit

Schon Mitte der **1960er-Jahre** war das neue Helgoland als modernstes Seebad der Deutschen Bucht wieder voll im Geschäft, und zu Beginn der **1970er-Jahre** setzte vor allem im Tagestourismus ein wahrer **Boom** ein. Das lag an den damals üblichen **Butterfahrten,** so nannte man die Kurzausflüge per Schiff, um die Möglichkeit des zollfreien Einkaufs im Ausland zu nutzen. Helgoland hat **als ehemalige britische Kolonie einen Sonderstatus** und gehört **weder zum Zollgebiet der Europäischen Union noch zum deutsche Steuergebiet.** Deshalb ist die Insel bis heute **von Zöllen und der Mehrwertsteuer befreit.** Die meisten Tagesgäste kamen, um vor allem Spirituosen, Parfüm und Tabakwaren innerhalb der Zollfreigrenzen günstig einzu-

◁ Homogene Bebauung auf dem Oberland

4

kaufen. Das brachte der Insel die spöttischen Beinamen „Fusel-felsen" und „Schnapsinsel" ein. 1971 wurde mit 831.387 Gästen der bis heute geltende Besucherrekord erreicht, pro Tag kamen zwischen 2000 und 3000 Menschen. Fast alle reisten per Schiff an, etwa 14.000 mit dem Flugzeug. Gleichzeitig registrierte die Kurverwaltung um die 400.000 Übernachtungen. Doch nach diesem Höhepunkt nahm die Gästezahl über 14 Jahre hinweg beständig ab. Mit einer großen Feier wurde 1976 zwar noch das 150-jährige Bestehen des Seebads Helgoland gefeiert, aber das änderte nichts an dieser **Abwärtstendenz.** Die Übernachtungen waren um 40 Prozent zurückgegangen. Die Zahl der Tagesgäste verringerte sich bis 1985 sogar um 46 Prozent. Fahrten zu Deutschlands einziger Hochseeinsel lagen sichtbar **nicht mehr im Trend,** stattdessen wurden Reiseziele im Ausland immer attraktiver. Helgoland hatte in den Rekordjahren zu wenig investiert, das zeigte nun deutliche Folgen. Wegen der mangelnden Perspektiven zog es viele junge Insulaner ans Festland und die Bevölkerung begann, langsam zu vergreisen. Es musste sich dringend etwas ändern, um den Tourismus als Wirtschaftsgrundlage zu erhalten und die Gästezahlen wieder anzuheben.

Helgoland – naturnahe Erlebnisinsel

Verstärkt besann man sich auf Maßnahmen, um **Helgoland als naturnahe Erlebnisinsel** zu vermarken und Klasse statt Masse anzuziehen. 1991 wurden auf Helgoland die ersten **Basstölpel** gesehen. Die steilen Felsen boten den Meeresvögeln ideale Brutbedingungen, und vor der Küste fanden sie viel fetten Fisch wie Makrele und Hering als Nahrung. Nun kamen mehr und mehr Vogelkundler und Hobbyornitologen. Heute sind Besucher mit Ferngläsern und Spektiven allgegenwärtig, denn der **Klippenrandweg** auf dem Oberland erlaubt eine einmalige Nähe zu den Tieren auf den dicht besiedelten Vogelfelsen. 1992 erreichte man mit 723.927 Besuchern zwar einen neuen Höhepunkt, doch die gefiederten Inselbewohner genügten natürlich nicht dauerhaft als Attraktion, um den Gästestrom in nennenswertem Umfang zu beeinflussen. So begann die Gemeinde mit Maßnahmen zur **Verbesserung der Infrastruktur.** Die Insel erhielt 1995 eine neue Feuerwache und 1999 sogar ein 4-Sterne-Hotel, für dessen Neubau die Kurverwaltung an einen anderen Standort umziehen musste. Man versuchte, zusätzlich Angebote zu schaffen, um die Insel besser zur erreichen. Ein findiger Unternehmer sah hier die Chance für eine **Schnellfähre.** Seit 2002 gibt es während der Sommersaison von Hamburg aus eine regelmäßig verkehrende unter vier Stunden dauernde Katamaran-Verbindung mit dem

Halunder Jet, die von Ausflüglern gut angenommen wird. Es ist geplant, dieses Schiff ab dem Frühjahr 2018 durch einen Neubau zu ersetzen, der 20 Prozent mehr Fahrgäste aufnehmen und mit einer Geschwindigkeit von bis zu 35 Knoten, das sind knapp 65 Stundenkilometer, fahren kann, denn die Nachfrage nach schnellen Fährverbindungen von Hamburg und Cuxhaven aus wächst stetig.

**Fels-
abstürze**

Ein weiteres Problem, mit dem Helgoland zu kämpfen hat, ist das **poröse witterungsanfällige Gestein** der Insel. 2002 führte ein schwerer Felsabsturz vom Falm auf das Unterland zu großen Schäden. Er war sowohl auf das poröse Gestein als auch die vielen Tunnelbauten aus der Vergangenheit zurückzuführen. Um das zukünftig zu verhindern, wurden die steilen Felshänge entlang des Oberlands mit Drahtnetzen, Dübeln und Betonverfüllungen aufwändig gesichert, Steine und loses Geröll können nun nicht mehr auf die Häuser des Unterlands stürzen. Starke Schäden an der Düne und der Hauptinsel werden auch immer wieder durch Unwetter verursacht. In den letzten 50 Jahren ist die lokale Temperatur um 1,7 °C angestiegen und auch die Häufigkeit extremer Wetterlagen nahm zu.

☑ Der neue Katamaran der Reederei Adler

280he AUSTAL

Blindgänger und alte Munition

Weitere Altlasten, mit denen Helgoland zu kämpfen hat, sind **Blindgänger und alte Munition,** die an vielen Stellen der Insel auch heute noch im Erdreich zu finden sind und Bauvorhaben erschweren. Hinzu kommt die Tatsache, dass die kleine Insel kaum noch Bauland bietet. Um aber mit den heutigen Anforderungen der Gäste an Komfort und Bausubstanz mithalten zu können, ist eine permanente Erneuerung unabdingbar. Das brachte den Hamburger Investor mit helgoländischen Wurzeln *Arne Weber* auf eine Idee zur Landgewinnung. Er stellte 2008 Pläne für eine Verbindung der Hauptinsel mit der Düne vor, die durch Landaufschüttung realisiert werden sollte. Helgoland wäre dadurch um etwa einen Quadratkilometer gewachsen und das räumliche Problem zumindest vorerst gelöst worden. Doch ein Bürgerentscheid im Sommer 2011 beendete diese Pläne (siehe Exkurs „Die Inselerweiterung").

Verlegung des Spezial- seekabels

Eines der größten Schleswig-Holsteinischen Bauvorhaben im Jahr 2009 war die **Verlegung des Spezialseekabels,** mit dem alle Haushalte und Gewerbebetriebe auf Helgoland jetzt über das Umspannwerk St. Peter Ordings an das europäische Stromverbundnetz angeschlossen sind. Das 51 Kilometer lange 10 Zentimeter dicke Kabel wurde in einem Stück gelegt und mit einem Spezialschiff mit hohem Wasserdruck 1,50 Meter tief in den Meeresgrund eingespült. Die Kosten beliefen sich auf rund 20 Millionen Euro, aber nun werden durch den Anschluss ans Stromnetz des Festlands jährlich etwa 8000 Tonnen CO_2 eingespart, weil keine Generatoren mehr benötigt werden. Sie sind nur noch für den Notfall einsatzbereit.

Helgoland heute

Seit 2003 ist der **größte deutsche Seenotrettungskreuzer Hermann Marwede** auf Helgoland stationiert. Im selben Jahr begrüßte die Reederei Cassen Eils ihren 5,5-millionsten Fahrgast. 2005, 60 Jahre nach dem Ende des Zweiten Weltkriegs, kam mit dem **Bau eines neuen Bungalow-Dorfs** auf der Düne eine qualitativ hochwertige Touristenunterkunft hinzu. Doch in den Folgejahren veränderte sich die Seebäderschifffahrt erheblich. Es gab Reedereiwechsel, Verbindungen, wie die von Bremerhaven aus mit der MS Helgoland, wurden eingestellt und ab 2008 das Traditionsschiff MS Wappen von Hamburg nicht mehr einge-

> Sammelschiffchen der DGzRS

4

setzt. Sogar über die Abschaffung der traditionellen **Börteboote,** die seit Jahrzehnten die Passagiere von den Touristenschiffen auf die Insel bringen, wurde zeitweise nachgedacht, weil sie nicht mehr die heute üblichen Anforderungen an barrierefreies Reisen erfüllen. Aber Börteboote sind nach wie vor eines der beliebtesten touristischen Highlights auf Helgoland, sodass man von diesen Plänen wieder abgerückt ist. Der Verein zum Erhalt der Helgoländer Börteboote hat 2017 sogar den Antrag gestellt, die Helgoländer Dampferbörte in die Liste des immateriellen Kulturerbes der UNESCO aufzunehmen. Den Antrag brachte man am 5. April 2017 dafür sogar per Börteboot von Helgoland bis nach Kiel. Doch all diese Maßnahmen reichten nicht aus, um dauerhaft mehr Gäste auf die Insel zu locken. Das Jahr 2010 verzeichnete mit 304.776 Besuchern die bis dato **geringste Gästezahl seit der Nachkriegszeit.** Helgoland brauchte dringend Aufwind, um den Abwärtstrend zu stoppen und die Wirtschaftskraft wieder zu stärken.

281he DGzRS/pk

Windenergie als neuer Wirtschaftsfaktor

Weltweit erster Hochsee-Service-Stützpunkt für die Offshore-Industrie

Helgolands Bürgermeister, der frühere Unternehmensberater *Jörg Singer,* seit 2011 im Amt, stand vor einer schweren Aufgabe. Doch er sah die Chance, Helgoland aufgrund seiner idealen geografischen Lage mitten in der Nordsee als **weltweit ersten Hochsee-Service-Stützpunkt für die Offshore-Industrie** zu positionieren. Der Gedanke war durchaus begründet, denn unmittelbar vor Helgoland stehen heute **drei große Windparks** der Betreiber WindMW, RWE Innogy und E.ON. Eine Grundsatzentscheidung der Gemeinde über die gewerbliche und touristische Nutzung der Helgoländer Häfen ermöglichte den **Ausbau des Südhafens zur Multifunktionsanlage.** Insgesamt 28 Millionen

279he mna

Euro, auch mit Mitteln des Landes Schleswig-Holstein und der Europäischen Union, wurden ab 2012 in die Modernisierung der Hafenanlagen gesteckt: in die Vertiefung des Hafens, die Sanierung des Südostufers sowie den Bau der Südkaje und eines Heliports. Das geschah unter erschwerten Bedingungen, denn 1300 Bomben und Minen aus der Vergangenheit mussten beseitigt und der Hafen mehrfach für die **Bergung der alten Kampfmittel** gesperrt werden. Doch mit dieser Strategie gelang es, die infrastrukturellen Voraussetzungen zu schaffen und die Offshore-Industrie nach Helgoland zu holen. Die Hafennutzer, darunter viele Windpark-Betreiber, wurden langfristig vertraglich an die Insel gebunden.

Im Abstand von 25 bis 29 Kilometern stehen heute (Stand 2017) nördlich vor Helgoland die Offshore-Anlagen mit den Namen **Meerwind Süd/Ost, Nordsee Ost** und **Amrumbank West** und versorgen mit 208 Windturbinen fast eine Million Haushalte mit Strom. Täglich pendeln die vielen Katamarane für den technischen Support zwischen der Insel und den Meereskraftwerken. Die Zahl der Hafenbewegungen steigt beständig, zwischen 2011 und 2014 waren es bereits 30 Prozent mehr. Zirka fünf Prozent von Helgolands Fläche werden heute für Offshore genutzt, 150 neue Arbeitsplätze sind bis heute entstanden.

Der kräftige **Modernisierungsschub** bescherte Helgoland im Jahr 2015 rund 15 Millionen Gewerbesteuereinnahmen, denn auch die vor Sylt gelegenen Windparks SylWin alpha und beta werden steuerlich über die Insel abgerechnet. Ein ungewohnt **profitabler Zustand** für die hoch verschuldete Gemeinde, die in den Jahren zuvor oft auf finanzielle Hilfen des Landes Schleswig-Holstein angewiesen war. Da der Ausbau der Erneuerbaren Energien politisch gesetzt ist, wird diese Entwicklung noch über einen längeren Zeitraum anhalten. Bislang sind erst etwa ein Drittel der geplanten Hochsee-Windkraftwerke gebaut worden.

◁ Bauarbeiten an der Südkaje

Die Inselerweiterung

Helgoland wurde in der Silvesternacht 1721 letztendlich **durch eine Sturmflut zweigeteilt.** Seitdem gibt es die felsige Hauptinsel und die knapp einen Kilometer davon entfernte Badedüne – aber vor allem eins: **wenig Platz.** Die Bevölkerung lebt überwiegend vom Tourismus, und andere Arbeitsmöglichkeiten sind nicht so viele vorhanden. Deshalb kehren immer mehr, vor allem junge Menschen, der Insel den Rücken und suchen sich Arbeit auf dem Festland. Inzwischen hat Helgoland mit 1400 zu wenig Einwohner, um eine vernünftige Infrastruktur mit Arbeit, Ärzten und Schulen etc. aufrecht zu erhalten. Es fehlt an Platz, sowohl für bezahlbaren Wohnraum als auch für modernere Gästequartiere, die den heutigen Ansprüchen genügen, denn die Zahl der Übernachtungsgäste steigt inzwischen wieder. Die kleinräumigen Häuser Helgolands, die meist aus den 1950er-Jahren stammen, stehen unter Ensembleschutz. Das macht Erweiterungsbauten und Modernisierungen nahezu unmöglich. Folgerichtig gab es verschiedene **Pläne zur Landgewinnung.**

Den weitreichendsten Plan verfolgte der Hamburger Bauunternehmer *Arne Weber:* Er hatte 2008 in Zusammenarbeit mit der Technischen Universität Hamburg und dem Alfred-Wegener-Institut ein Konzept zur Landgewinnung auf der Insel entwickelt. Sein Plan war es, für rund 100 Millionen Euro das an dieser Stelle nur wenige Meter tiefe Meer zwischen Insel und Düne mit Sand aufzuschütten und **die beiden Inseln so wieder miteinander zu verbinden.** Auf der Landverbindung wäre Platz für Hotels und Wohnungen entstanden. Zwischen Befürwortern und Gegnern des Projekts wurde intensiv diskutiert. Das Ergebnis war ein **Referendum,** in dem sich die Helgoländer entscheiden konnten, ob sie für oder gegen die die Verbindung der beiden Inselteile – die sogenannte große Lösung – sind. Am 26. Juni 2011 gaben sie ihre Stimme ab. Knapp 55 Prozent sprachen sich **dagegen** aus.

Seitdem hat sich dennoch viel getan, um die Insel wieder zukunftsfähig zu machen. Helgoland wurde zum **Servicestützpunkt für die Offshore-Windparkbetreiber** ausgebaut und auf dem Oberland entstehen derzeit **neue Wohnhäuser.** Aber um teilweise Landgewinnung wird man auf Helgoland über kurz oder lang nachdenken müssen, denn mit jedem Neubau geht ein Stück Natur verloren.

277he mna

Was bringt die Zukunft?

Offshore-Windkraft

Im **Cuxhavener Appell** wandten sich 2013 und 2017 die Minister und Senatoren der fünf nördlichen Bundesländer an die Bundesregierung. Sie baten darum, die **Offshore-Windkraft** in den deutschen Gewässern stärker zu unterstützen, für Planungs- und Bestandssicherheit zu sorgen und mit weiteren Leitungen den Anschluss an das Stromnetz zu garantieren.

Doch das **Problem**, wie sich Tourismus und Offshore-Windindustrie gut miteinander verbinden lassen, muss auch zukünftig gelöst werden. Es ist eine Gratwanderung, Windpark-Wirtschaft, Tourismus, die Bedürfnisse der Bewohner, Naturschutz sowie Meeres- und Vogelforschung miteinander zu vereinen. Und die Windenergie hat auch ihre Nachteile. Gut 250 Inselbetten sind dauerhaft von Servicetechnikern belegt, darunter viele hochwertige Unterkünfte wie das Vier-Sterne-Hotel atoll, das für mehr als zehn Jahre an einen einzigen Windparkbetreiber vermietet wurde. Diese Unterkünfte fehlen nun dem Tourismus – genauso wie bezahlbarer Wohnraum für die rund 1400 Einwohner. Die gut gefüllten Kassen der Gemeinde ermöglichen allerdings nun, in die Verbesserung der Infrastruktur zu investieren. Es sind einige **Neubauprojekte** geplant bzw. schon begonnen. Die Straßenführung ins Oberland wurde verbessert, auch damit das Baumaterial für 100 neue Wohnungen leichter transportiert werden kann, die auf 7000 Quadratmetern neben dem Helgoländer Leuchtturm entstehen sollen, um bezahlbaren Wohnraum zu schaffen. Im Unterland wird zusätzlich eine Residenz für ältere Helgoländer gebaut. Umstritten ist der Neubau eines Vier-Sterne-Hotels mit 120 Suiten (200 Betten) am Nordosthafen für etwa 20 Millionen Euro, der aus Platzgründen wohl letzte große Neubau.

Längere Touristen-Aufenthalte als Ziel

Beim Inselmarketing ist es das erklärte Ziel, qualitativ hochwertige Tages- und Urlaubstouristen zu **längeren Aufenthalten auf der Insel** zu motivieren. Man setzt auf die einzigartige Natur, Kunst, Kultur, Geschichte, Architektur und eine bessere Vermittlung der Meeres- und Vogelforschung und will Helgoland zur **Ganzjahresinsel** machen. Mit verstärkten Aktivitäten sollen mehr Kongresse und andere Veranstaltungen nach Helgoland

◁ Ein Offshore-Support-Schiff

4

geholt werden. Auch die **Museumslandschaft** wird aufgebessert. Das Gebäude des früheren Aquariums wird derzeit saniert, um dort mit einem interaktiven Museumskonzept eine neue Attraktion für Gäste zu schaffen, und das Museum Helgoland soll um einen modernen Anbau erweitert werden. Ebenso ist geplant, das in die Jahre gekommene **Schwimmbad** mare frisicum zu modernisieren, um mehr familiengerechten Badespaß zu ermöglichen. Die Meeresbiologische Forschungsanstalt Helgoland, die heute zum Alfred-Wegener-Institut gehört, hat ihr **Schülerlabor OPENSEA** erweitert und bietet nun ideale Möglichkeiten, unter besten Voraussetzungen an einem besonderen Forschungsort mit wissenschaftlicher Unterstützung Lerninhalte selbstständig zu erarbeiten.

In den letzten sieben Jahren gingen die **Gästezahlen** langsam wieder nach oben. Das weltpolitische Geschehen zeigt seine Auswirkungen, Reisen in deutsche Feriengebiete sind wieder attraktiver geworden. Im Winter hat Helgoland nun **mehr Schiffsverbindungen** als in den Jahren vor 2010, zwischen November

und März sind es 70 zusätzliche Fahrten. Seit 2015 transportiert das mit Erdgas betriebene Fahrgastschiff MS Helgoland die Inselgäste umweltfreundlich von Cuxhaven. An einem sonnigen Sommertag kommen rund **2000 Tagesgäste** mit den Seebäderschiffen vom Festland zu Besuch, viele davon freuen sich auf den Transport mit den traditionellen Börtebooten. Sie haben inzwischen weniger Interesse am zollfreien Einkauf als vielmehr an der Insel selbst. Die drei bis vier Stunden Aufenthalt erlauben den Besuch der Düne oder eine Fahrt mit dem Aufzug aufs Oberland, um die Natur der Insel über den Klippenrandweg zur erkunden. 2016 verzeichnete man knapp 360.000 Gäste und es wird gehofft, bis zum Jahr 2020 die 400.000er-Marke wieder zu überschreiten. Positiv ist, dass die **Zahl der Übernachtungen** seit vielen Jahren konstant nach oben geht, im Durchschnitt blieben die Besucher vier Nächte auf Helgoland. Damit hat die Gemeinde ihr Ziel erreicht – zumindest für den Moment.

☑ Offshore-Support-Schiffe im Außenhafen

278he mna

5 Die Halunder

Was macht die Inselbewohner aus?

Was sollte man wissen, um sie besser

zu verstehen? Und was für eine

seltsame Sprache wird teilweise

von den Helgoländern gesprochen?

Die Antworten stehen in diesem Kapitel.

◁ Die Helgoländer Trachtengruppe

Die Inselbewohner

Die Halunder

Es ist davon auszugehen, dass auf einem einsam im Meer gelegenen Felsen ein eigenwilliges Völkchen heranwächst. Das hat sich im Lauf der Geschichte immer wieder bestätigt. Die Helgoländer nennen sich selbst **„Halunder"** (auch Hallunder, Halunner). Wer auf so einer kleinen Insel wohnt, kennt es nicht anders oder hat sich bewusst für das Leben auf kleinem Raum mitten im Meer entschieden. Fragt man die Einheimischen, wird das schnell deutlich: Man muss mit sich selbst im Reinen sein und mit den anderen gut zurecht kommen. Gibt es Streit, kann man sich nicht einfach aus dem Weg gehen, dafür ist Helgoland zu klein. Man begegnet sich täglich und muss die Sache schnell klären. Das ist nicht immer einfach, aber für die Seele besser, denn Klarheit tut gut. Nur Menschen, die sich bewusst darauf einlassen, sind auf Helgoland zu Hause.

Seit eh und je auf sich gestellt

So sind die auf den ersten Blick eigenwillig erscheinenden Insulaner oftmals sehr nett, freundlich und hilfsbereit. Das liegt daran, dass sie seit eh und je auf sich gestellt waren und im Notfall zusammenhalten mussten. Nur in der Gemeinschaft lassen sich die teilweise harten Herausforderungen meistern, die Wind, Wetter und die isolierte Lage auf kleinem Terrain mit sich bringen. Hinzu kommt, dass viele gerade in den Sommermonaten ohne Unterbrechung und freie Wochenenden für die Inselgäste arbeiten. Gegen Ende der Saison spätestens macht sich die viele Arbeit dann bemerkbar. Daran hat sich bis heute nichts geändert. Die Menschen hier kommen schnell auf den Punkt und reden nicht lang herum. Auch freunden sie sich nicht mit jedem sofort an. Leute von außerhalb dürfen sich in insulare Belange auch nicht einmischen. Im Zweifelsfall wird wie beim Referendum über die Inselerweiterung (siehe Exkurs „Die Inselerweiterung") per Volksentscheid abgestimmt. Begegnet man als Gast den Menschen jedoch freundlich auf Augenhöhe und behandelt sie mit Respekt, wird man in der Regel auf offene Ohren und viel Hilfsbereitschaft stoßen.

> Der Inselfotograf Franz Schensky hat den Halundern ein fotografisches Denkmal gesetzt (auch auf den folgenden Seiten zu sehen), siehe auch Exkurs „Franz Schensky, der Inselfotograf"

Unser Tipp: Der Helgoländer sagt zur **Begrüßung** nicht wie die Nord- und Ostfriesen „Moin". Das Wort stammt aus dem Niederdeutschen und bedeutet „gut" oder „schön". Helgoländer unter sich verwenden das Wort **Hallo** – gesprochen hört sich das allerdings eher so an wie „Hollåå".

**Zusammen-
halt**

Traditionen, Trachten und das gemeinsame Singen haben im Leben der Insel einen festen Platz – besonders im Winter, wenn kaum Gäste da sind und die Insulaner Zeit für sich haben. Dann trifft man sich, probt und feiert gemeinsam. Drei Chöre, darunter zwei Männerchöre wie der Shanty-Chor „Helgoländer Karkfinken" oder der Seemannschor „Halunner Songers", sowie die „Volkstanz- und Trachtengruppe" tragen durch Aufführungen und Auftritte viel zum Unterhaltungsprogramm bei. Besonders während der Hauptsaison kann man Chor- und Volkstanzdarbietungen regelmäßig im Musikpavillon hören und sehen.

313he mhas

Die Helgoländer Tracht

**Farben-
freude und
Zweck-
mäßigkeit**

Die traditionelle Kleidung der **Frauen** zeigt viel **Farbenfreude,**
die der **Männer** dient der **Zweckmäßigkeit.** Im Laufe der Zeit
wurden die Helgoländer Trachten häufig verändert. Heute wird
sie fast nur noch zu folkloristischen Darbietungen und offiziellen Anlässen getragen. Im Jahr 1800 bestand sie aus einem engen
Kleid ohne Ärmel, dem „Paik", zu dem ein „Fuurump" (Futter-
hemd) getragen wurde, dessen Ärmel nur bei der Sonntagstracht
verziert waren. Ergänzt wurde das Ganze durch einen blauen
„Skollduk", eine Art Schürze, die beim Ausgehen wie eine Kapu-
ze über den Kopf geschlagen wurde. Zur Sonntagstracht gehörte
noch ein weiter, faltiger Rock, der „Skort", der mit einem „Skor-
telsbean", einem mit Silber beschlagenen Gürtel, getragen wurde.

312he mhas

5

Franz Schensky, der Inselfotograf

Der Inselfotograf *Franz Schensky* wurde am 23. August 1871 auf Helgoland geboren. Er gehört zu den **Pionieren der Schwarz-Weiß-Fotografie.** Die Felseninsel und das Meer stellte er in den Mittelpunkt seines Schaffens. Mehr als ein halbes Jahrhundert hat er seine Heimat abgebildet, die Aufnahmen spiegeln eindrucksvoll Helgolands bewegte Geschichte wider.

Bereits im Alter von 19 Jahren eröffnete er sein **eigenes Fotoatelier.** Seine erste bedeu-

tende Aufnahme gelang ihm am 9. August 1890: *Schensky* fotografierte die Zeremonie der Übergabe Helgolands an das Deutsche Reich im Garten des Governeursgebäudes. Durch diese neue Zugehörigkeit kam es zu einem deutlichen Aufschwung im Badebetrieb und der Fotograf verdiente sein Auskommen mit Studioporträts der Urlauber.

Zu dieser Zeit kamen auch die ersten **Einheimischen,** um sich abbilden zu lassen. Im Labor

gab es reichlich zu tun, denn die Negative auf Glasplatten mussten sorgfältig entwickelt, fixiert und gewässert werden. In den 1890er-Jahren entstanden auch die ersten, dem Zeitgeist entsprechend eher statischen Helgoland-Motive, die er zum Teil als Postkarten in seinem Fotogeschäft verkaufte.

Um 1910 betrat *Franz Schensky* fotografisches Neuland, nun komponierte er Bilder, die in ihrer Ausdrucksweise auch heute noch stark wirken. Die Bilder von **Wellen, Gischt und der Brandung** mit und ohne Boote sind so dynamisch, dass dem Betrachter das Wasser der Schaumkronen förmlich entgegenspritzt.

264he mna

Die Geschichte der Insel ist auch die Geschichte des Fotografen. Während des Ersten Weltkriegs musste er wie alle Insulaner Helgoland verlassen und kehrte erst nach dessen Ende zurück. Ihm gefiel der Ausbau zur Seefestung der Kaiserlichen Marine gar nicht, daher machte sich *Franz Schensky* für eine erneute Zugehörigkeit zu Großbritannien stark, was nicht allen gefiel. Doch Helgoland blieb deutsch. Als die örtlichen Nationalsozialisten Macht über Andersdenkende bekamen, wurde Schensky in seiner Heimat schikaniert. Aber **international** wurde der Lichtbildner **gefeiert** und mit Preisen überhäuft.

Im Oktober 1944 fiel auch *Schenskys* Haus den Brandbomben der britischen Luftangriffe zum Opfer und wurde zerstört. Sein Lebenswerk war damit nahezu vernichtet, nur die wertvollsten Negative hatte er vorher ans Festland schaffen lassen. Während der Zeit des Nationalsozialismus herrschte auf Helgoland ein vollständiges Fotografierverbot. Doch *Schensky* setzte sich darüber hinweg, **dokumentierte die Zerstörung Helgolands** und setzte Brand und Vernichtung aufwühlend in Szene. Nach den letzten Angriffen am 18. und 19. April 1945 wurden alle Insulaner evakuiert. *Franz Schensky* und seine Frau *Maria* lebten fortan in Schleswig. Seine Insel betrat er nach dem Krieg nur noch sporadisch. In den 1950er-Jahren vor allem, um den Wiederaufbau fotografisch zu dokumentieren. *Franz Schensky* starb am 7. Januar 1957 in seinem Schleswiger Exil und kehrte erst zur ewigen Ruhe wieder nach Helgoland zurück. „Wenn mir ein gutes Bild im Jahr gelingt, bin ich ein glücklicher Mann", soll *Schensky* gesagt haben. Er ist es wohl gewesen.

◁ Franz Schensky im Museumshof

Ein schwarzer, mit einer weißen Kante verzierter Schulterumhang und eine Kopfbedeckung komplettierten die Tracht.

Hartjen

Zum Schmuck tragen die Frauen mit der Tracht eine **Brosch**e in Herzform, das sogenannte „**Hartjen**". Sie ist reich verziert und wird am Brust- oder Halstuch befestigt. Die Brosche erzählt einen Teil der Familiengeschichte, weil die Hartjen durch entsprechende Symbole unter anderem die Berufe der Familien hinweisen. Zum Beispiel deutete eine Kogge auf Seefahrer hin, ein Fisch auf Fischer, ein Rosenstock symbolisierte das Leben und der römische Gott Amor stand für die Liebe. Bei verheirateten Frauen ist die Nadel in der Mitte des Hartjens geschlossen, bei unverheirateten jedoch offen. Lange Zeit war das Hartjen ein beliebtes Brautgeschenk.

⌂ Silbernes Hartjen der Helgoländer Tracht

5

Helgoländer Männertracht

Die **Helgoländer Männertracht** war eher schlicht zu nennen. In alten Zeiten trugen die Männer mit silbernen Knöpfen besetzte kurze und nur bis zum Knie reichende „Pummerhosen", darunter dunkle Strümpfe und Schnallenschuhe. Als Oberteil diente eine dunkelblaue Jacke, ebenfalls mit silbernen Knöpfen. Als Kopfbedeckung wurde ein „Spint" getragen, ein kleiner, zylinderförmiger hoher Hut mit sehr schmaler Krempe, die bei manchen Modellen sogar fehlte.

311he mhas

5

Sitten und Bräuche

Feste und Feiern

Weihnachten wird auf Helgoland wie überall gefeiert, es gibt keine Unterschiede. Viele gehen nachmittags in die Kirche, anschließend werden die Geschenke ausgepackt und danach gemeinsam gut gegessen. Zum **Übergang ins neue Jahr** wird ein **Höhenfeuerwerk** gezündet, das man am besten vom Oberland aus bewundert.

An **Neujahr** gehen vormittags die noch nicht konfirmierten Kinder zu Nachbarn und Freunden, das **„Wensken"**. Dort sagen sie folgenden Satz auf: „Ik wenke di en freeliges Naidjooar, Sinhait, Glick en Seägen en alles wohlergehen" (Ich wünsche Dir ein fröhliches Neujahr, Gesundheit, Glück und Segen und alles Wohlergehen). Manchmal kling das Ende auch fast schon chinesisch: Dann wird das Wohlergehen ersetzt durch „dat et di altids wel gung mai" (dass es dir allezeit gut gehen möge). Sie erhalten dafür ein Geldstück. Nachmittags gehen die Männer zu den Frauen der Freunde und Kollegen und bieten dort denselben Spruch dar. Statt Geld gibt es einen Sherry und wer einen großen

306he mhas

Die Halunder

Freundeskreis hat, geht gut „drunken" (angeheitert oder besoffen) nach Hause.

Das Bikebrennen am 20. Februar, wie es es auf den Nordfriesischen Inseln Tradition ist, gibt es auf Helgoland nicht. Dafür aber wird am **Ostersamstag** auf der Düne immer um 17 Uhr ein **Osterfeuer** entzündet. Man verfeuert dann das viele Schwemmholz und Reste der Bohlenwege, die ständig erneuert werden müssen – es sei denn, das Wetter spielt überhaupt nicht mit. Das ist zwar selten der Fall, aber ab und zu kommt es vor.

Immer am **1. April** wird offiziell im Kreis geladener Gäste zur Saisoneröffnung die **Flagge zur Düne** gebracht und gehisst. Für Helgoländer ist das ein wichtiges Ereignis und der Auftakt zur üblicherweise stressigen Sommersaison.

Von der katholischen Kirche wird am **10. November** meist ein **Sankt-Martins-Umzug** organisiert. Die Kinder bringen dazu Laternen mit. Er endet auf dem Platz vor der katholischen Kirche Sankt Michael damit, dass Sankt Martin seinen Mantel mit dem Schwert durchtrennt. Wie an vielen Orten gibt es aus diesem Anlass die „Weckmänner", ein süßes Hefegebäck.

Für die Kinder ist das **„Omloopen"** (Umlaufen) zu **Nikolaus** ein weiterer Höhepunkt des Jahres. Am Vorabend, also am **5. Dezember,** verkleiden sie sich nach Belieben, der Fantasie sind dabei keine Grenzen gesetzt. Am Nachmittag bis zum Geschäftsschluss gehen sie Lieder singend von Laden zu Laden und bekommen dafür Süßigkeiten. Eine tolle Geste: Wenn der Nikolaustag auf einen Sonntag fällt, machen die Banken und Geschäfte extra für die Kinder auf, damit diese Tradition gewahrt bleibt. Am 6. Dezember, dem eigentlichen Nikolaustag, ist auf Helgoland traditionell schulfrei.

Etwas besonderes ist die **Helgoländer Kindstaufe.** Der Helgoländer Brauch ist anlässlich einer Kindstaufe in den Kirchen auf dem Oberland zu sehen. Eine Schar Kinder in Helgoländer Tracht zieht mit Taufbechern aus Silber zum Haus des Täuflings und lässt dort seinen Becher mit Wasser füllen. Gemeinsam geht es dann in die Kirche, wo die Becher ins Taufbecken geleert werden. Die Kindern heißen damit ihren neuen Mitbürger willkommen und laufen danach schnell zum Haus des Täuflings zurück, wo es Butterkuchen und „Kinderwein" aus Traubensaft mit weihnachtlichen Gewürzen gibt.

◁ Fischverkauf am Jacob-Andresen-Siemens-Platz

5

Hummerfischerei und Taschenkrebsfang

Seit vielen Jahrhunderten fischten die Helgoländer Hummer in den Gewässern rund um die Insel. Zwar gab es früher auch Ackerbau, aber die Helgoländer ernährten sich hauptsächlich von Fisch. Zunächst fingen sie die Tiere mittels mit Ködern bestückten **Stellnetzen** und später gegen Ende des 18. Jahrhunderts bauten die Fischer **abgerundete Hummerkörbe (helg. Tiiner)** aus Schottland nach. Die ersten Exemplare wurden aus alten Fassreifen, Treibholz und Netzen hergestellt und mit einem Stein beschwert, damit sie besser am Meeresgrund stehen konnten. Erst gegen Ende der 1920er-Jahre wurden die noch heute verwendeten **rechteckigen Hummerkörbe** mit zwei Reuseneingängen entwickelt, die sich leichter stapeln ließen.

Die Hummer wurden mit Ködern aus Fischresten angelockt, die im Korb zwischen zwei Schnüre geklemmt waren. Den **Standort** des Korbes im Wasser markierte eine lange Leine mit einem großen Korken am Ende, der individuell mit den Farben und Initialen des Fischers gestaltet und eindeutig zuzuordnen war. Im Durchschnitt wurden zehn Körbe zu einer Gruppe zusammengefasst und mit einer Boje markiert. Bis heute hat jeder Fischer ein eigenes Fanggebiet. Die **Blütezeit** der Hummerfischerei war in den 1930er-Jahren bis zum Beginn des Zweiten Weltkriegs.

Der **Lebensraum des Hummers** liegt unter Wasser in den Spalten und kleinen Höhlen des Helgoländer Felswatts, wo sich der Hummer gut verstecken kann und nur zur Jagd nach Nahrung außerhalb seines Verstecks zu sehen ist. Des Hummers Pech ist es, dass er als kulinarische Delikatesse gilt. So ist es kein Wunder, dass man ihm jahrhundertelang intensiv nachstellte und so die Bestände immer weniger wurden. Hinzu

kommt, dass der Mensch den Lebensraum der Hummer verringert hatte, beispielsweise mit dem Ausbau des Hafens. Auch die gewaltigen Sprengungen und Bombardements, denen die Insel auch noch Jahre nach dem Zweiten Weltkrieg ausgesetzt war, und die zunehmende Verschmutzung der Nordsee trugen dazu bei, dass der Helgoländer Hummer **fast ausgestorben war** und deswegen nur noch sehr selten gefangen wird. Deshalb gibt es auch nur wenige nebenberufliche Hummerfischer, die in den Gewässern von Helgoland jährlich etwa 100 Stück fangen.

Mit einem **Zuchtprogramm** versuchte das Alfred-Wegener-Institut, zu dem die frühere Biologische Anstalt Helgoland heute gehört, die

Hummerpopulation zu erhöhen. Das Projekt ist inzwischen abgeschlossen, doch über seinen Erfolg lässt sich noch keine verbindliche Aussage treffen. Man vermutet aber, das die **Fundamente der Windräder** in den Offshore-Windparks, die mit dicken Felsen gesichert sind, neue Lebensräume bieten und sich die Bestände langsam erholen können.

Als die Hummerbestände in den Nachkriegsjahren deutlich zurückgingen, wurde auch der Beifang aus Taschenkrebsen, der **Knieper,** mehr und mehr als Helgoländer Spezialität vermarktet. Er hat auf vielen lokalen Speisekarten Einzug gehalten, sogar eine Knieper-Pizza gibt es. Wenn ein Restaurant Knieper anbietet, darf man guten Gewissens probieren. Die Taschenkrebse haben außer dem Hummer keine Fressfeinde, was dazu führt, dass sich die Knieper explosionsartig vermehren und dem Hummer das Leben schwer machen. Beide Arten kannibalisieren sich nämlich gegenseitig.

Das **Museum Helgoland** ist für an der Geschichte Interessierte ein guter Ort, um tiefer in das Leben der Fischer auf Helgoland und das harte Leben einzutauchen. Dort sind neben vielen Details zum früheren Hummerfang auch ein alter Fischerschuppen nebst Inventar ausgestellt sowie ein knapp sechs Meter langes Boot von 1890, mit dem die Hummerkörbe ausgelegt wurden. Die typische Einrichtung einer Fischerfamilie kann man an einem eingerichteten kleinen Haus im Museum selbst sehen. Ein kurzer Imagefilm auf www.museum-helgoland.de soll zum Besuch anregen.

☑ Fischerhütte im Museum Helgoland

261he mna

Verstirbt ein Einwohner der Insel, so wird die Kirche von der Familie gebeten, zum Gedenken an den Verstorbenen **„zu ringeln".** Um Punkt 13 Uhr erklingt dann aus diesem Anlass für fünf Minuten die Kirchenglocke. Sind zwei Personen gestorben, läutet sie zehn Minuten. Früher wurde am Tag der Beisetzung am Rathaus noch die Helgolandflagge auf Halbmast gesetzt, aber das wurde abgeschafft. Jetzt weht sie an dieser Position nur noch zu offiziellen Anlässen.

Essen und Trinken

Helgoländer Küche

Eine spezifische „Helgoländer Küche" gibt es schon lange nicht mehr, denn **Stock- und Salzfisch** entzücken heute nur noch wenige Gourmets. Allerdings war der „Backsoalt" (Backsalz) lange Zeit das traditionelle Gericht der Helgoländer. Dazu wurde ein ausgenommener Dorsch ohne Kopf, aber mit Flossen, in ein das „Backsoalt-Tenn" (Salzfischfass) gelegt, gepökelt und für ein Jahr stehengelassen. Danach war er quasi gar, wäre aber ohne dreitägiges Wässern ungenießbar gewesen, und gestunken haben muss das Ganze auch entsetzlich. Nach der Prozedur wurde er ausgebacken und üblicherweise mit Senfsoße und gekochten Kartoffeln serviert. Heute macht sich kaum noch jemand diese Arbeit und das Gericht kommt nur noch selten auf den Tisch.

Exzellentes Seafood steht, einer Hochseeinsel angemessen, häufig auf den Speisekarten. Auch wenn der **Fisch** trotz Prädikat „fangfrisch" selten direkt vor der Insel gefangen wurde. Stattdessen kommt er von wenigen Ausnahmen abgesehen fast komplett aus Cuxhaven, Holland und Dänemark. Echt helgoländisch ist dagegen der berühmte Hummer, der heute wegen des jahrhundertelangen Hummerfangs fast ausgestorben ist (siehe Exkurs „Hummerfischerei und Taschenkrebsfang"). Er wird deshalb nur noch selten und zu entsprechenden Preisen angeboten, man sollte besser darauf verzichten. Herzhaft zugreifen darf man allerdings beim **„Knieper",** das sind die Scheren der Taschenkrebse. Weil die Tiere sich explosionsartig vermehren, machen sie dem Hummer das Leben schwer. Man muss nach 20-minütigem Kochen die harten Panzer der Scheren mit einem Werkzeug knacken, um das schmackhafte Muskelfleisch heraus zu puhlen. Serviert wird Knieper meist mit Buttertoast und Meerrettich oder einer Cognac-Mayonnaise.

5

Getränke

Was **Getränke** angeht: Beginnen wir mit dem elementarsten, dem **Wasser.** Es wird auf Helgoland über eine Entsalzungsanlage aus der Nordsee gewonnen und ist einwandfrei zu trinken. Damit bereiteter Kaffee oder Tee haben keinerlei Nebengeschmack. Bei den **alkoholischen Getränken** überwiegt, typisch norddeutsch, der Genuss von herbem Pilsbier. Den vielerorts beworbenen Eiergrog trinken eigentlich nur die Touristen. Wein kommt selten auf den Tisch und nur ab und zu mal ein Schnaps.

Vor zwei, drei Generationen waren die Halunder noch für ihre Trinkfreudigkeit berüchtigt. Das hat sich aber gelegt. Gegen Kälte hilft der Alkohol auch nicht, auch wenn er beim ersten Schluck noch ein Wärmegefühl entwickelt. Spätestens wenn der Alkohol ins Blut gerät, bewirkt er eine Öffnung der Hautporen. Dadurch wird Körperwärme hinaus- und Umgebungskälte hineingelassen. Das Ergebnis ist, dass man mehr friert als zuvor.

Die Halunder

☑ Der Helgoländer Knieper

266he ho

Nordseevokabular

**Unter-
schiede**

Man muss sorgfältig unterscheiden zwischen den auf den friesischen Inseln einschließlich Helgoland üblichen **Regionalsprachen** und dem allgemeinen an der Küste gesprochenen, mit vielen seemännischen Fachausdrücken gespickten Deutsch. Mit selbigem wird der Binnenländer auf Nordseereise immer wieder konfrontiert, und dann ist es gut, nicht völlig unwissend dazustehen. Nachfolgend eine kleine Auswahl für die Helgoland-Reise:

314he mhas

Kleine Auswalh

■ achtern	hinten
■ Back	1. Vorschiff; 2. Esstisch an Bord
■ Backbord	auf einem Schiff in Fahrtrichtung links
■ Blanker Hans	tobende Nordsee bei Sturmfluten
■ Deern	Mädchen (nicht herabsetzend)
■ dick	1. neblig; 2. bezecht
■ duhn	bezecht
■ dwars	quer(ab)
■ Dwarslöper	Querläufer (Schiff), scherzhaft für Krabbe
■ Feuer	leuchtendes Seezeichen
■ Heck	Schiffsende, Achterschiff
■ Kieker	Fernglas
■ Kimm	Horizont
■ Kinken	Bucht (Schlinge) in einer Leine
■ aus dem Kinken	außer Gefahr/Reichweite
■ Kliff	Klippe, Abbruch
■ klönen	sich gemütlich unterhalten
■ Klönschnack	nettes Gespräch
■ Köhm, Köm	Schnaps
■ Kümo	Küstenmotorschiff
■ Leine	Seil, Tau
■ Messe	Essraum an Bord
■ pottendick	sehr neblig
■ Pütz	kleiner Eimer
■ Ruder	„Steuer" eines Schiffes
■ Rudergänger	der Mann, der das Schiff steuert
■ Schapp	Schrank, Lade
■ Schluck	Schnaps
■ Schnack	Gerede, Unterhaltung, Redensart
■ schnacken	reden
■ See	Welle
■ Steuerbord	auf einem Schiff in Fahrtrichtung rechts
■ Steuermann	der Offizier, der das Schiff navigiert
■ Tampen	Tau(ende)
■ Tonne	Boje
■ Waterkant	„Wasserkante": Küste

◁ Rudernde Helogoländer in der Brandung

5

Schellfischen mit Langleine

Mit **Schaluppen,** das sind offene Fischerboote, fuhren die Helgoländer aus, um in der Nordsee rund um Helgoland Schellfisch zu fangen. Auf einer Fangreise wurden jeweils etwa sieben 50 Faden (90 Meter) lange **Langleinen** (helg. *Boak*) in einer Holzmulde (helg. *Ohls*) verwahrt, höchstens 15 Mulden hatten sie dabei. Insgesamt kam am Ende eine stattliche Leinenlänge von gut zehn Kilometern (5250 Faden) heraus.

An jede Langleine wurden im Abstand von knapp zwei Metern weitere Leinen geknüpft, an denen auf Angelhaken die Köder befestigt waren. Letzteres war die Arbeit der Fischerfrauen und deren Töchtern, die aufspießten, was gerade zur Hand war: Wattwürmer, Sandaale, Rob-

ben- und Ochsenlebern. Innerhalb einer Tide wurden die Langleinen ausgelegt und wieder eingeholt. Kamen die Fischer vom Fang zurück, nahmen ihre Familien die Fische aus, reinigten, salzten oder trockneten sie für den Eigenbedarf. Der Rest wurde ans Festland verkauft. Die **größten Fänge** wurden im 18. Jahrhundert gemacht, aber auch noch 1880 fingen die Helgoländer noch fast eine halbe Million Schellfische.

☐ Fischfang mit Langleine

265he nf

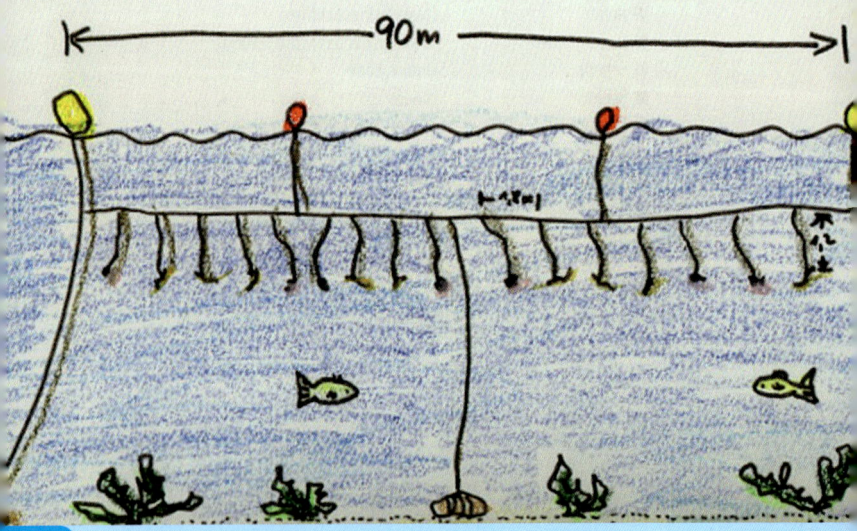

Inselfriesisch

Die Halunder

**Ungewöhn-
liche Klänge**

Dem Gast vom Festland werden ungewöhnliche Klänge zu Ohren kommen, wenn er auf Insulaner trifft, die sich **auf „Halunder"** unterhalten. Verstehen wird er vermutlich kaum ein Wort. Die Sprache stammt aus dem Westgermanischen und hat sich in drei Zweige aufgeteilt. In der Provinz Friesland in den Niederlanden wird Westfriesisch gesprochen. Auf Ostfriesisch unterhält man sich in der niedersächsischen Gemeinde Saterland, die zum Landkreis Cloppenburg gehört. Nordfriesisch hört man nur noch im äußersten Nordwesten Schleswig-Holsteins, es gibt dort **zwei Dialektgruppen,** das **Festlands- und das Inselfriesische.** Auf jeder Insel hat sich daraus eine eigene Sprache entwickelt, „Sölring" auf Sylt, „Ömrang" auf Amrum, „Fering" auf Föhr und **„Halunder" auf Helgoland.** Der Helgoländer Dialekt ist noch am ehesten mit dem Ömrang verwandt, zumindest können sich die Friesen beider Inseln gegenseitig am besten verstehen.

Alle drei Jahre lädt der „Ynterfryske Rie" (Interfriesischer Rat), der die gesamtfriesischen Interessen nach außen vertritt, zum **„Friesendroapen" (Friesentreffen)** ein. Zuletzt im Jahr 2016 nach Helgoland, wo den rund 300 Teilnehmern ein abwechslungsreiches Programm mit Kultur, Sport und Musik angeboten wurde.

Helgoländisch ist neben Hochdeutsch die **zweite Muttersprache der Helgoländer.** Allerdings war die Sprache fast ausgestorben, nur noch **rund 150 Menschen können sie fließend sprechen.** Am meisten geschadet haben dem Halunder die Inselevakuierungen während der beiden Weltkriege. Besonders schlimm setzten ihm die Auswirkungen des Zweiten Weltkriegs zu, als die Helgoländer viele Jahre verstreut auf dem Festland lebten, dort mit anderen Dialekten in Berührung kamen und kaum noch Helgoländisch sprachen. Oft waren nur noch die Großeltern in der Lage, fließend Halunder zu sprechen. Erst seit den 1970er-Jahren gehört es in der Schule wieder zum Unterricht. Leider gibt es zu wenige Familien, die sich zu Hause helgoländisch unterhalten. Regelmäßige Übung ist die wichtigste Voraussetzung, um Sprachen zu lernen. Deshalb wird inzwischen schon im Kindergarten mit dem Halunder-Unterricht begonnen. Besonders viel zum Erhalt des Inselfriesischen haben die schwedischen Sprachwissenschaftler *Niels* und *Ritva Århammar* sowie die Helgoländerin *Mina Borchers* beigetragen. Sie haben ein spezielles

5

Lehrbuch entwickelt und viele Worte in einem Deutsch–Helgoländischen Wörterbuch gesammelt. Auch wurde eine verbindliche Schreibweise festgelegt, die es so nicht gab, weil Helgoländisch als überwiegend gesprochene Sprache vorher so gut wie nie geschrieben worden war.

Friesisch stammt wie „Ingelsk" (Englisch) aus dem Nordsee-Germanischen, deshalb sind im Halunder ganz viele Worte zu finden, die **dem Englischen ähnlich** oder sogar mit ihm identisch sind. Manchmal werden sie gleich ausgesprochen, manchmal anders, oder sie bedeuten Unterschiedliches. Zum Beispiel wird ein Einzelfelsen als „Stak" bezeichnet, im Englischen begegnet uns das Wort als „stack". Überliefert ist die Geschichte, wie die im Alter von sieben Jahren 1914 von der Insel evakuierte *Mina Borchert* in einer Bremer Straßenbahn mit ihrer Mutter Helgoländisch sprach und beide als „englische Feinde" des Wagens verwiesen wurden. Das Oberland wird ganz inselspezifisch als „Boppen" bezeichnet. Das plattdeutsche, aber ähnlich klingende Wort dafür ist „boven" oder „boben". Beim Helgoländer Motto **„rüm Hart – kloar Kimming"** wird es aber schon vertrackter, denn übersetzt wird es mit „starkes Herz – klarer Blick". Aber man muss auch auf Verwechslungen aufpassen, etwa bei dem Wort Skin. „Skin" heißt auf Englisch „Haut", auf Helgoländisch „Klo".

Übrigens gibt es auf Halunder kein Wort für den Wald, was schlicht und einfach daran liegt, dass auf der Insel keine großen Bäume zu finden sind. Will man sich also über einen Wald unterhalten, wird das beispielsweise mit „fel Booamen" (viele Bäume) umschrieben. Der Lummenfelsen wird auf der Insel mit „Skittenhörn" bezeichnet, weil die Lummen sehr viel „skitten" (scheißen). Wie die Lummen hier heißen, darauf lässt sich nun schließen: „Skitten". „De Friisen nem keen Bleed feer de Mit" – die Friesen nehmen eben kein Blatt vor den Mund. Eher türkisch hört sich das Wort für einen Seestern an: „Füffut". Wer eine skandinavische Sprache beherrscht, wird vermutlich noch viel mehr Ähnlichkeiten entdecken, denn sie sind aus dem Nordgermanischen entstanden und somit verwandt.

**James Krüss'
„Max und
Moritz"**

Der Helgoländer Dichter und Kinderbuchautor **James Krüss** (siehe Exkurs „James Krüss – Poet, Geschichtenerzähler …") hat etliches auf Halunder gereimt, darunter auch die Geschichte von Wilhelm Buschs **„Max und Moritz"**. Um einen kleinen Eindruck vom Helgoländer Inselfriesisch zu bekommen, folgt hier ein kurzer Auszug aus dem „Feerwür" (Vorwort) des Gedichts:

Maks en Morits

Felmoals kann man lees en hear,
War fer Diirter Künner wear;
Maks en Morits wear en roor
Bispiil fer sek diirti Poor.
Dan uun Steed fan wat tu learn
En tum Gud'ns djam tu bekearn,
Loachet dja djam rech soo wech
Oawer manni aarem Knech.
...
Dan deät En wear reälek slüm,
Wat fer Maks en Morits küm.
Dearom hoa ik herrem Lewwen
Hiir apteekent en beskrewwen.

Erster Streich
Manni-iann, wat Tiirn halt, dait
Med siin Huuner hem fel Moit:
Iaandeels weägen herrem Ai,
Wat dja lai bal alle Dai;
Uurns uk, wiil man dan en wan
Broadet djam ferteere kan;
Dördens passe Feddern fiin
Uun en roor letj Peelken iin.
Feddern hool do ¬ sönner froagen –
Faini waarem un kuul Doagen.
Werrowwüf Bolte – hiir tu sin'n –
Toch uk soo as alle Lid'n.
Her tree Hunner kann djüm si,
En en Heen es uk dearbi. ...

Max und Moritz

Ach, was muss man oft von bösen
Kindern hören oder lesen!
Wie zum Beispiel hier von diesen,
welche Max und Moritz hießen.
Die, anstatt durch weise Lehren
sich zum Guten zu bekehren,
oftmals noch darüber lachten
und sich heimlich lustig machten.
...

Ach, das war ein schlimmes Ding,
wie es Max und Moritz ging.
Drum ist hier, was sie getrieben,
Abgemalt und aufgeschrieben.

Erster Streich
Mancher gibt sich viele Müh
mit dem lieben Federvieh;
einesteils der Eier wegen,
welche diese Vögel legen,
zweitens: weil man dann und wann
einen Braten essen kann;
drittens aber nimmt man auch
ihre Federn zum Gebrauch
in die Kissen und die Pfühle,
denn man liegt nicht gerne kühle.
Seht, da ist die Witwe Bolte,
die das auch nicht gerne wollte.
Ihrer Hühner waren drei
und ein stolzer Hahn dabei. ...

Altfriesisches Sprachgut

Auf Helgoland ist wegen der isolierten Lage der Insel viel **altfriesisches Sprachgut** erhalten geblieben. Wer es lernen möchte, kann an den Universitäten Flensburg und Kiel Frisistik studieren. Die **Helgoländer Volkshochschule** bietet während der Wintermonate Sprachkurse für Anfänger und Fortgeschrittene an, dazu gibt zum Üben noch die „Snakketaffel" für Fortgeschrittene. Wenn man „Programm VHS Helgoland" googelt, wird man zu einem aktuellen pdf-Dokument geführt. Weitere Informationen stehen auf www.nordfriiskinstituut.de, darunter auch eine Karte mit den Regionen, in denen Nordfriesisch gesprochen wird.

Das von den Frisistikern *Ritva* und *Niels Århammar* zusammengestellte **Wörterbuch** kann man über die Website www. helgolaendisch-halunder.de entdecken, und wer dort nicht blättern möchte, immerhin hat das pdf-Dokument knapp 360 Seiten, der kann unter www.helgolaendisch.de einen Wortfinder nutzen. Außerdem kann man im Shop des Museums Helgoland das Lehrbuch **„Wi lear Halunder"** (Wir lernen Helgoländisch) erwerben und in der Hummerbude auf dem Außengelände die **deutsch–helgoländische Fassung von Max und Moritz** (Edition Tintenfass).

5

267he mbas

6 Die Nordsee

Spezielle Themenstellungen rund um das Thema Nordsee sind hier zu finden. Eine Tabelle zeigt die erweiterte Beaufort-Skala und kann zur Einschätzung der Windgeschwindigkeiten genutzt werden.

◁ Vogelschwarm über der Hafenmole

Land und Meer

**Vor rund
250 Millio-
nen Jahren**

Im Erdmittelalter Mesozoikum begann die biologische Geschichte Helgolands, also **vor rund 250 Millionen Jahren.** In
dieser Zeit fanden die wichtigsten gesteinsbildenden Prozesse
statt. Große Mengen Muschelkalk lagerten sich in bis zu 300 Meter dicken Schichten rund um das heutige Helgoländer Gebiet
ab. Zu dieser Zeit herrschte zudem ein für Verwitterungsprozes-
se ideales tropisches und subtropisches Klima. Dieses führte zur
Oxidation der hohen Eisen- und Aluminiumgehalte im Boden –
so entstand die **typische rote Färbung** des **Helgoländer Bunt-**

sandsteins. In der Folgezeit stiegen Salzschichten auf und drückten die darüber liegenden Gesteinsschichten beulenförmig nach oben. **Vor etwa 65 Millionen Jahren** – in der Erdneuzeit Tertiär – zerrissen sie an ihrer höchsten Stelle. Auf der Westseite der entstandenen Aufwölbung sank die Buntsandsteinschicht wieder in den Untergrund, während sie auf der Ostseite stehen blieb.

Dass das Gestein dabei **leicht zur Seite kippte,** kann man heute noch deutlich sehen: Die Schichten des Buntsandsteins neigen sich um 17 bis 20 Grad von Nordnordwest nach Südsüd-

⌄ Küstenschutz ist Inselschutz – Tetrapoden am Kringel mit den Langen Anna

271he mna

ost. Diese Ausrichtung lässt sich optisch auch nachvollziehen, wenn sich bei Ebbe das Felswatt an der nördlichen und nordwestlichen Inselseite zeigt. Während der drei Eiszeiten im Quartär – dem jüngsten Zeitabschnitt der Erdgeschichte – lag das Gebiet der heutigen Nordsee oberhalb des Meeresspiegels. Die Kaltzeiten hatten durch die Wasserbindung zu Eis sein extremes Absinken bewirkt. Damals erstreckte sich weitläufiges Marschland um das heutige Helgoland und die roten Buntsandsteinfelsen ragten bereits hoch aus diesem Landstrich heraus. Durch eine erneute Erwärmung des Erdklimas tauten die Eismassen in Schüben wieder ab. Erst durch den **Anstieg des Meeresspiegels** nach den Eiszeiten wurde Helgoland mit den anschließenden Dünengebieten nach und nach zur Insel. Vor etwa 5000 Jahren entstand im Großen und Ganzen die heutige Küstenlinie der

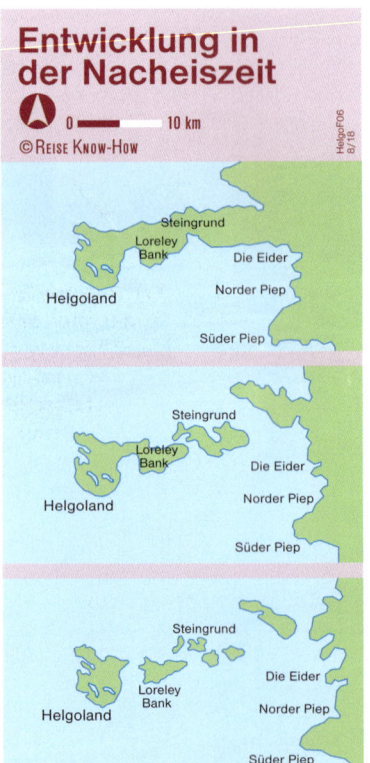

Nordsee. Damals dürfte Helgoland am westlichen Ende einer mit dem Festland verbundenen Geesthalbinsel gelegen haben, war also **noch Teil des Festlands.** Schon ein halbes Jahrtausend später erodierte diese Brücke in mehrere Fragmente und **Helgoland wurde zur Insel.** Allerdings war sie damals erheblich größer als heute. Durch die von den Kräften der Nordsee verursachte natürliche Abtragung verkleinert sich Helgoland nach wie vor stetig. Auch der Anstieg des Meeresspiegels durch die **Erwärmung des Klimas** trägt seinen Teil dazu bei. Langzeitdatenreihen belegen, dass sich die Nordsee deutlich stärker erwärmt als die Weltozeane im Mittel. Sie ist in den vergangenen 50 Jahren um 1,7 °C wärmer geworden. Damit ist die Deutsche Bucht eines der sich am schnellsten erwärmenden Küstenmeere überhaupt. Das verändert auch Flora und Fauna. Kälte liebende Arten verringern sich oder verschwinden, Meeresströmungen werden beeinflusst und neue Arten aus wärmeren Gefilden wandern ein.

Küstenschutz ist Inselschutz. Deshalb findet man auch auf Helgoland zahlreiche befestigte Ufer. Bewährt haben sich hier die sogenannten **Tetrapoden** aus Beton, von denen mehrere Tausend verlegt wurden. Eine einzige wiegt rund sechs Tonnen. Sie verringern die Strömungsgeschwindigkeit des Nordseewassers und halten seiner Kraft im Allgemeinen Stand. Nur in seltenen Ausnahmefällen kommt es bei schweren Orkanen vor, dass eine Tetrapode von der Stelle bewegt wird. Die riesigen „Vierbeiner" liegen an der südwestlichen Schutzmauer vor dem Kringel und stabilisieren einige Wellenbrecher an der Düne.

Wind und Wetter

Mehr Sonnenstunden als auf dem Festland

Helgoland liegt in der **Westwindzone** der gemäßigten Breiten, die durch den **Golfstrom** beeinflusst sind. Der besonders milde Golfstrom ist eine der größten und schnellsten Meeresströmungen der Erde. Er führt Wärme heran, lässt aber auch Tiefdruckgebiete mit überwiegend westlichen Starkwinden entstehen. Bei uns ist es deshalb im Durchschnitt fünf bis zehn Grad wärmer, als wenn er nicht vorhanden wäre. Aufgrund der Lage Helgolands in der Nordsee herrscht ein ausgeprägt maritimes Klima mit **mehr Sonnenstunden als auf dem Festland.** Besonders im Frühjahr gibt es regelmäßig mehr davon, weil das kühle Meerwasser die Bildung von Wolken unterdrückt. Im Herbst kann das Pendel umschlagen, und es bilden sich unter Umständen mehr Wolken als über dem Festland. Die Temperatur des Meerwassers verändert sich nicht so schnell wie die der Luft, deshalb sind die Temperaturunterschiede auf den Nordseeinseln generell geringer, dafür ist aber die Luftfeuchtigkeit höher. Weil die Nordsee wie ein Wärmespeicher funktioniert, herrscht auf Helgoland mit durchschnittlich 2 °C **das mildeste Winterklima Deutschlands.** Schnee gibt es selten, weil die Tiefsttemperaturen kaum unter – 5 °C fallen. Seit den 1980er-Jahren gibt es Anpflanzversuche von bedingt winterharten subtropischen Pflanzen, die teilweise erfolgreich verlaufen sind. Dazu zählen zum Beispiel Palmen, Lorbeer und Steineichen. Die **mittlere Jahrestemperatur** auf Helgoland liegt bei 9 °C, die **jährliche Niederschlagsmenge** bei etwa 700 Millimetern und ist damit etwas niedriger als die in Deutschland (789 Millimeter). Kältester Monat auf Helgoland ist der Februar mit einer Durchschnittstemperatur von 0,5 °C, während der August mit 18,4 °C der wärmste ist.

Klimatische Bedingungen

Tiefdruck-gebiete

Deutschland liegt in einer Zone wechselhaften Wetters. Die mit dem Klimawandel verbundene Erderwärmung führt auch an der Nordsee zu extremeren Situationen. Im Verlauf des Golfstroms steigt erhitzte Luft auf, wird durch die Erdrotation in drehende Bewegung versetzt und **Tiefdruckgebiete** entstehen. Auf dem Rücken eines mächtigen Azorenhochs gelangen sie nach Nordeuropa und manche erreichen erst hier vor der Küste ihre volle Kraft. Je länger ihr Weg über das Wasser ist, desto stärker werden sie. Die **Stürme der Nordsee** haben immer wieder die Küstengeografie verändert. Als Hochseeinsel liegt Helgoland ungeschützt mitten im Meer und ist den Stürmen deshalb besonders ausgesetzt. Es ist zu vermuten, dass die Wetterextreme zukünftig weiter zunehmen, sofern die Klimaerwärmung nicht verlangsamt oder gestoppt werden kann. Das zumindest ist die heutige Einschätzung der meisten Experten.

Wetterabfolge

Wind aus südlichen bis südwestlichen Richtungen bringt schlechtes Wetter

In der Deutschen Bucht gibt es selten Windstille. Meist kommt der **Wind aus westlicher Richtung.** Herrscht Tiefdruck, dreht sich der Wind auf der Nordhalbkugel gegen den Uhrzeigersinn. Jedem Helgoländer ist bekannt, dass **Wind aus südlichen bis südwestlichen Richtungen** schlechtes Wetter bringt. Denn ein Tief bewegt sich dann auf den Nordseebereich zu, und bald bekommt man auch dessen Ausläufer zu spüren: mehr oder minder satter Regen von einer Warmfront. Dann, nach einem wahrscheinlichen Windsprung auf westliche Richtungen, Schauer und manchmal auch Gewitter im Gefolge einer Kaltfront. Danach weht es normalerweise kräftiger als zuvor aus Nordwest bis Nord – das typische **Rückseitenwetter** der Nordsee. Mit Wetterglück läutet der Nordwind ein nachfolgendes Hoch ein, um das sich der Wind im Uhrzeigersinn dreht, und bringt schönes Wetter mit.

Kleidung

Es ist empfehlenswert, sich bei einem Aufenthalt auf Helgoland mit seiner **Kleidung** darauf einzustellen. In der Regel ist es hier

▷ Bei Sturm sind Leuchttürme noch immer unverzichtbar

deutlich windiger als auf dem Festland. Daher ist es sinnvoll, windfeste Kleidung und eine Regenjacke dabei zu haben. Auch die Sonnenstrahlung ist hier intensiver, weil die Strahlen vom Wasser reflektiert und dadurch verstärkt werden. Deshalb sind Sonnenschutzmaßnahmen wie Sonnencreme und Kopfbedeckung auch bei bedecktem Himmel zu empfehlen.

303he mna

UNSER TIPP: Besonders bewährt hat sich bei der Kleidung das sogenannte **„Zwiebelprinzip"**, bei dem man mehrere Schichten verschiedener Kleidung übereinander trägt. Beispielsweise beginnt man mit dünner Unterbekleidung wie T-Shirt und „Zippof-Hose", bei der sich der untere Teil der Hose mittels Reißverschluss abtrennen lässt. Darüber trägt man eine windfeste wärmere Kleidungsschicht. Und zum Schluss schützt man sich mit der dritten Schicht aus regen- und windfester Jacke und Hose. Ein Buff-Schal rundet das ganze ab, er kann als Mütze oder Schal getragen werden – so ist man auf alle Wetter bestens vorbereitet.

☒ Wellen eines Orkan am Kringel in den 1920er-Jahren, Foto von Franz Schensky

6

Die Nordsee

Kräftige Stürme

**An Sturm-
tagen zeigt
die Insel
eine ihrer
faszinie-
rendsten
Seiten**

Die Beaufort-Skala, die nach einem britischen Admiral benannt ist (siehe Kapitel „Sturm und Wellen"), beschrieb ursprünglich die Windstärken in einer Skala von ein bis zwölf Beaufort (Bft) und wurde später um fünf weitere Stufen nach oben erweitert. Sie ist eine praktische Messlatte, um die Windverhältnisse vor Ort auch ohne Windmesser annähernd einschätzen zu können und hat auch im Computer-Zeitalter weiterhin Bestand. Obwohl es als zeitgemäß gilt, den Wind heutzutage in km/h anzugeben, ist die metrische Methode weitaus weniger aussagefähig. Wer kann sich schon vorstellen, wie die See bei 50 km/h aussieht? Man erhält über die Angabe 7 Bft dagegen einen guten Eindruck,

270he amh

was dieses „Fahrmaximum in Ortschaften", das einem im Auto ziemlich langsam vorkommt, bereits anzurichten vermag.

Ist der Wind **stärker als 8 Bft,** werden die meisten **Schiffsverbindungen eingestellt,** weil die Verletzungsgefahr für Passagiere an Bord durch die heftigen Wellenbewegungen einfach zu groß ist. Dieser Passus höherer Gewalt ist in allen Transportverträgen enthalten, und selbst wenn einem dadurch die ganze Urlaubsplanung vermasselt wird, muss man Verständnis dafür aufbringen, dass die Sicherheit stets Priorität besitzt. Bei Sturmansage, die in der Hauptsaison selten ist, sollte man Kontakt mit der Reederei halten, bevor man womöglich umsonst an die Küste reist und dort auf Wetterberuhigung warten muss. Gerade die Sturmsaison in den Herbst- und Wintermonaten für eine Helgolandreise völlig auszuschließen, wäre jedoch falsch. Denn **an Sturmtagen zeigt die Insel eine ihrer faszinierendsten Seiten** mit großartigen Szenarien. In diesen Monaten zeigen See und Küsten die erwähnten prächtigen Panoramen, und der Wind fegt scharf über das verlassene Oberland. Wetterfeste Kleidung sollte man dann allerdings dabei haben.

Wetterdienst

**Wetterent-
wicklung**

Möchte man sich über die **Wetterentwicklung** informieren, gibt es heutzutage jede Menge darauf spezialisierte Internetseiten und Apps fürs Handy. Aber auch auf der Insel hängt die Wettervorhersage für die nächsten Tage an vielen Stellen aus. Eine Wetterstation vom Deutschen Wetterdienst befindet sich am Westdamm des Südhafens (Tel. 04725/811007).

Haftung

Wer auf einem schaukelnden Schiff zu Schaden kommt, kann die Reederei dafür nicht haftbar machen. Das Landgericht Bremen wies unter AZ 7 O 124/03 die Klage eines betagten Kreuzfahrtpassagiers ab, der „wegen mangelnder Haltegriffe" an Bord auf dem Weg zur Toilette gestürzt war. Die Schaukelei sei ein „immanenter Bestandteil der Seefahrt", urteilte das Gericht. Zudem sei der Kläger durch Lautsprecherdurchsagen vor dem schlechten Wetter gewarnt gewesen.

■ Die Insel selbst hat auf ihrer Homepage **www.helgoland.de** unter der Rubrik „Interessen" nützliche Information über Wetter und Gezeiten.
■ Hilfreich ist auch **www.dwd.de** mit punktgenauen Angaben für den Standort Helgoland.
■ Segler und Surfer finden auf **www.windfinder.com/forecast/Helgoland** Informationen zur Windprognose.
■ Die kostenpflichtige **Wetterapp WeatherPro** bietet umfangreiche und detaillierte Inhalte zur Wettervorhersage.

Ebbe und Flut

Die Gezeiten/ Tiden

Gezeiten: Ebbe und Flut bestimmen den Rhythmus des Insellebens und sind neben Sturm und Wellen die treibenden Kräfte der stetigen Veränderung Helgolands. Zweimal täglich fließen große Gezeitenströme auf und wieder zurück. Sie fallen abhängig von Windrichtung und Seegang sehr unterschiedlich aus. Die Gezeiten des Meeres, **Tiden** genannt, setzen sich aus dem ablaufenden Wasser (Ebbe) und dem auflaufenden Wasser (Flut) zusammen. Die Wechselpunkte zwischen Ebbe und Flut nennt man **Niedrigwasser** bzw. **Hochwasser.** Die Gezeiten werden von den **Anziehungskräften des Mondes und der Sonne** bestimmt. Stehen Sonne und Mond im rechten Winkel zueinander, gibt es eine **Nipptide,** der Höchststand des Wassers fällt dann niedriger als gewöhnlich aus. Stehen Sonne und Mond auf einer Linie, entsteht das Gegenteil, eine **Springtide,** weil ihre gemeinsame Kraft am Flutberg zieht. Nipptiden gibt es nur bei Halbmond, Springtiden nur bei Neu- und Vollmond.

Je nach geografischer Konstellation verändert sich der **Tidenhub** zusätzlich, das ist die Differenz der Wasserhöhe zwischen Niedrig- und Hochwasser. Der Tidenhub fällt auf der ganzen Welt sehr unterschiedlich aus. In der Nordsee wird er von den Schwingungswellen der Gezeitenströme im Atlantik bestimmt. In den Flussmündungen an der deutschen Nordseeküste kann er bis zu vier Meter betragen. Auf Helgoland liegt der mittlere Tidenhub bei **2,30 Meter,** das ist deutlich niedriger als zum Beispiel in Wilhelmshaven, wo er bei 3,70 Metern liegt. In den trichterförmigen Buchten der Flussmündungen fällt er viel höher aus, weil sich hier das Wasser aufstaut. Das Mittelmeer ist annähernd gezeitenfrei, um so gewaltiger ist im Vergleich der Tidenhub am Atlantik. Im englischen Bristol und im französischen St. Malo

Die Seenotretter

Die Schifffahrtswege durch die Nordsee waren schon immer gefährlich und die Deutsche Bucht ist heute eines der weltweit am stärksten befahrenen Seegebiete. **In unmittelbarer Nähe Helgolands verlaufen mehrere Großschifffahrtswege,** weshalb es auf der Insel schon immer **besonders leistungsfähige Rettungseinheiten der Deutschen Gesellschaft zur Rettung Schiffbrüchiger (DGzRS)** gab. Heute ist hier der größte deutsche Seenotrettungskreuzer „Hermann Marwede" (siehe „Sehenswertes") stationiert.

Sturmtiefs, meist aus nordwestlicher Richtung, haben früher viele Segelschiffe stranden lassen. Mitte des 19. Jahrhunderts verunglückten vor der deutschen Nordseeküste jährlich ca. 50 Stück. Oft hatte die Besatzung keine Chance, lebend an Land zu kommen. Daher wurden verschiedene Techniken entwickelt, um den Seeleuten von Land und auch vom Wasser aus helfen zu können, zum Beispiel die „Hosenbojen", das sind Rettungsringe mit angenähten Hosen.

1861 gründeten sich in Hamburg, Bremerhaven und Emden die ersten Rettungsvereine, um Menschen in Seenot zu helfen. Aus deren Zusammenschluss entstand vier Jahre später die **DGzRS.** Maßgeblichen Anteil daran hatte der Redakteur des Bremer Handelsblattes *Dr. Arwed Emminghaus,* der damit, statt einzelne örtliche Vereine zu haben, die Seenotrettung **in einer Gesellschaft vereinen** wollte. Zu dieser Zeit war Helgoland jedoch noch britisch. Erst 1892, nachdem die Insel deutsch geworden war, stationierte die DGzRS dort ihr erstes eigenes Rettungsboot.

Anfangs eilten die Helfer in offenen Ruderbooten zur Hilfe, ab 1911 kamen die ersten Motorrettungsboote zum Einsatz – heute umfasst die Flotte **rund 60 Seenotrettungskreuzer und -boote.** Die DGzRS ist für den maritimen Such- und Rettungsdienst bei Seenotfällen hauptsächlich in den deutschen Hoheitsgewässern verantwortlich. 2016 hatten die Seenotretter in der Nordsee 819 Einsätze, halfen fünf Menschen in Seenot und befreiten 179 weitere Personen aus Gefahrensituationen. Die „Hermann Marwede" rückte in der Zeit von Januar bis Ende Oktober 2017 29 mal aus und befreite vier Men-

schen in aus Gefahrensituationen. **Schirmherr** der DGzRS ist der jeweilige Bundespräsident. Zudem werben Prominente als „Botschafter" für die Seenotretter, so beispielsweise auch seit 2013 der Moderator *Yared Dibaba*. Seitdem steht in der Kulisse seiner Sendung im NDR-Fernsehen eines der typischen Sammelschiffchen der Seenotretter.

Die DGzRS finanziert sich als **gemeinnützige Hilfsorganisation** ausschließlich aus Spenden, die steuerlich absetzbar sind. Auf Helgoland stehen rund 70 **Sammelschiffchen** für Kleingeld, zum Beispiel im Aufzug zum Oberland. Mehr In-formationen auch zu regelmäßigen Spenden gibt es im Internet auf **www.seenotretter.de.** Zum 125-jährigen Jubiläum zierte das Sammelschiffchen sogar eine Sonderbriefmarke der Deutschen Post.

Die DGzRS unterhält im **Rettungsschuppen am Südhafen einen Info-Stand** und Shop, der von Ostern bis Ende Oktober freitags und samstags sowie am 30. und 31. Dezember von 11 bis 16 Uhr geöffnet ist.

304he jz

Danke for Ihre Hilfe

Deutsche Gesellschaft zur

DIE SEENOTRETTER

DGzRS

Rett

269he DGzRS/sk

beträgt er durchschnittlich 12 Meter, bei Springtiden kann er auch noch höher ausfallen. An der kanadischen Bay of Fundy ist er mit 15 Metern am höchsten, dort sind die Gezeitenunterschiede weltweit am stärksten ausgeprägt. Auch die Ozeane außerhalb des Atlantiks sind von den Gezeitenwellen nicht ausgenommen.

Da, wie bereits erwähnt, die Tide abhängig von der geografischen Lage an der Nordseeküste von Ort zu Ort unterschiedlich ist, gibt es viele **Tidenkalender** bzw. **Gezeitentabellen,** so auch für Helgoland. Man kann diese auf der Website des Bundesamtes für Seeschifffahrt und Hydrografie einsehen unter www.bsh.de. Die Vorausberechnungen sind nötig, weil sich die Tiden nicht ständig zur selben Zeit wiederholen, sondern pro Tag um etwa 50 Minuten versetzt sind. Von einem Hoch- zum nächsten Niedrigwasser ergibt sich zweimal am Tag mithin eine **Verschiebung von 25 Minuten;** eine Tide (oder Gezeit) dauert also sechs Stunden und 12½ Minuten. Der Tidenkalender für Helgoland wird an verschiedenen Stellen ausgehängt und ist auch in der Helgoland Touristik erhältlich bzw. über die Website www.helgoland.de.

Wenn man auf der Helgoländer Landungsbrücke steht und in Richtung Düne blickt, kann man auf dem **Höhepunkt der Gezeiten** die Strömung förmlich vorbeiwirbeln sehen. Die Spierentonnen stehen in schrägen Winkeln, und die Dünenfähre muss mächtig gegen den Strom ansteuern. Weht dann auch noch ein kräftiger Wind, gerät das Wasser ordentlich in Bewegung. Wegen der starken Wasserströmung ist es deshalb **lebensgefährlich und verboten,** über die 1,4 Kilometer breite Rinne zur Düne zu schwimmen.

Licht und Schatten

UV-Licht, Schutzmaßnahmen und Sonnenbrand

Wenn man an die See fährt, so ist das in den meisten Fällen der Sonne wegen. Gewiss, man kann auch bei sonnenlosem Wetter Inselferien machen. Aber mehr Spaß bereitet es schon, wenn der Himmel lacht und nicht weint.

Risiken: Unumstritten ist, dass **UV-Licht** die Haut altern lässt. Das kann man bei notorischen Sonnenanbetern gut erkennen. Schon ein schlichter Sonnenbrand bewirkt innerhalb von drei Tagen eine Alterung der Haut um ein halbes Jahr. Wer sich regelmäßig zu viel Sonne aussetzt, hat auch ein höheres Risiko, an **Hautkrebs** zu erkranken. Besonders **Sonnenbrand** ist ein echter Risikofaktor. Für die Haut ist es besser, sich öfter nur kurz in der Sonne aufzuhalten, als über einen längeren Zeitraum. Besonders Kinder und junge Menschen haben eine sehr empfindliche Haut, die UV-Strahlen stärker durchlässt und langfristig schädigt.

Schutzmaßnahmen: Mediziner raten, das Sonnenbaden behutsam anzugehen, damit sich die Haut an das Licht gewöhnen kann. Besonders in den ersten Tagen des Sommerurlaubs ist es zu empfehlen, sich nur vor 11 und nach 15 Uhr in der Sonne zu tummeln. Am frühen Vor- und späten Nachmittag ist die Strahlung der schädlichsten UV-Variante nämlich wegen des längeren Wegs durch die Erdatmosphäre entscheidend geschwächt. Die übrige Zeit sollte man möglichst im Schatten verbringen. **Schatten** ist überhaupt das beste prophylaktische Mittel. Ein bedeckter Himmel reicht allerdings nicht: Er lässt immer noch bis zu 80 Prozent der UV-Strahlung durch. Auch **Sonnenschutzmittel** mit möglichst hohem Lichtschutzfaktor (LSF) sind ein guter Schutz, sofern sie eine halbe bis dreiviertel Stunde vor dem Sonnenbad gründlich aufgetragen wurden. An ihnen sollte man also nicht sparen und auch die Ohren und den Haaransatz nicht vergessen. Nach einer Empfehlung der EU braucht man etwa 36 Gramm, um von Kopf bis Fuß richtig geschützt zu sein. Mit anderen Worten benötigt eine vierköpfige Familie eine ganze Flasche Sonnenschutzcreme pro Strandtag. Es gibt sogar wasserfeste Sonnenmilch mit LSF 50. Allerdings sollte man diese nach dem Baden oder starkem Schwitzen erneut auftragen, denn auch wenn „wasserfest" auf der Packung steht, verschwindet ein Teil des Schutzes durch die Feuchtigkeit. Interessant ist auch, dass der LSF nicht linear, sondern exponentiell mit der Auftragsmenge abnimmt. Wer also nur die Hälfte der empfohlenen Menge verwendet, ist nicht etwa halb so gut geschützt, wie auf der Packung steht, sondern deutlich schlechter. Die Sonnencreme dick aufzutragen lohnt sich also, selbst nach acht Stunden ist der Schutz noch zu gut 40 Prozent gewährleistet. Für die Lippen gibt es zusätzlich spezielle Pflegestifte mit Sonnenschutz, ebenso Schutzsprays für die Haare. Will man den ganzen Tag draußen verbringen, kann es je nach Sonnenintensität sinnvoll sein, **passende Kleidung** und eine **Kopfbedeckung** zu tragen, um einem Sonnenbrand vorzubeugen. Die UV-Strahlen sind nämlich am und im Wasser durch die Reflektion deutlich stärker als sonst.

Sonnenbrand: Sollte man dennoch einmal einen Sonnenbrand bekommen, hilft es am besten, die betroffenen Hautpar-

tien zu **kühlen.** Ein leichter Sonnenbrand lässt sich gut selbst behandeln, zum Beispiel mit kühlenden Umschlägen wie Quarkwickeln, feuchtigkeitsspendenden Lotionen und Kompressen mit kaltem Wasser. Die Sonne sollte man dann für längere Zeit meiden. Ein starker Sonnenbrand muss auf jeden Fall vom Arzt behandelt werden. Bekommt man nach einem Aufenthalt im Freien Kopfschmerzen, Schwindelanfälle und Übelkeit bis zum Erbrechen, könnte es sich um einen **Sonnenstich** handeln. Darum ist es ratsam, dass besonders Menschen mit wenig oder keinem Haar in der Sonne eine Kopfbedeckung tragen.

Nach den letzten Absätzen sollte der Leser sich jedoch nicht so fühlen, wie nach dem Lesen des Beipackzettels mit Risiken und Nebenwirkungen in der Medikamentenschachtel. Wenn die Tipps zum Schutz vor der Sonne berücksichtigt werden, steht einem entspannten Urlaub auf Helgoland nichts im Weg.

272he mna

Blitz und Donner

Kaltfronten

Gewitter gibt es nicht nur an Land, sondern auch auf See, und zwar zu jeder Jahreszeit, auch im Winter. Durch die kräftigen, meist westlichen Winde kann es schnell zu einem Wetterwechsel kommen. Sogenannte **Kaltfronten,** die im Kielwasser von Tiefdruckgebieten vorkommen, sind generell von Gewittern begleitet. Sie können im Winter mitunter heftiger sein als infolge sommerlicher Schwüle. Da Gewitter bekanntlich auch einzelnen Menschen gefährlich werden kann, ist dort, wo große **Expo-**

Die Sonne geht unter ...

6

niertheit besteht, auch besondere Vorsicht angebracht. Dies gilt für das Helgoländer Oberland und die Düne.

In beiden Fällen sollte man bei Annäherung eines Gewitters **in Gebäuden Schutz suchen.** Wird man im Freien von Blitz und Donner überrascht, ist es am besten, in einer **Bodensenke** Deckung zu suchen: mit geschlossenen Füßen zusammenkauern und das Schlimmste abwarten. Metallgegenstände wie Regenschirme und Walkingstöcke unbedingt beiseite legen, sie können auf Blitze wie Magnete wirken. **Seegewitter** sind oft sehr laut und es grollt beängstigend, und ein wissenschaftlich bis heute nicht vollständig erforschtes Phänomen besteht darin, dass es auf dem Meer und an der Küste deutlich mehr Blitze gibt als an Land.

Die statistische Wahrscheinlichkeit, vom Blitz getroffen zu werden, ist verschwindend gering und auf Helgoland noch viel geringer, seit dort der gewaltige Sendemast als perfekter Blitzableiter in den Himmel ragt. Aber manchmal schlägt der Blitz ein, wo man am wenigsten damit rechnet, deshalb sollte man sich richtig verhalten und vor allem den **Kontakt mit Wasser meiden,** denn Wasser leitet die elektrische Energie viel besser als Land.

Meer und Gesundheit

Reizklima

Durch die besonderen klimatischen Bedingungen in Verbindung von Sonne, Salzwasser und Wind entsteht ein das Immunsystem anregendes **Reizklima.** Bei einem Spaziergang an der Brandungszone des Meeres auf der Düne zum Beispiel ist die Luft voller **Aerosole,** das sind mikroskopisch kleine Meerwassertröpfchen, die reichlich Jod, Magnesium und Salz enthalten. Die Gischt wirkt wie eine Inhalation, die Atemwege werden frei, man kann wieder tief durchatmen. Viele Erkrankungen, besonders im Bereich der Atemwege und der Haut, lassen sich durch einen Aufenthalt auf Helgoland spürbar lindern. Vor allem für **Pollenallergiker** ist die Insel ideal, weil es kaum Bäume und nur wenige Pflanzen gibt, auf die Menschen allergisch reagieren können. Dank des ständigen Seewinds und der Lage mitten in der Nordsee erreichen Pollen vom Festland die Insel nicht, auch die Feinstaubbelastung ist äußerst gering. Alle Gäste und Inselbewohner wissen das spezielle Klima der Nordsee zu schätzen.

Kraterlandschaft vor Helgoland

Im Sommer 2017 sorgte eine wissenschaftliche Nachricht für Aufsehen: **Vor Helgoland wurde im Meer eine Kraterlandschaft entdeckt,** die erst durch hochpräzise Fächerecholotmessungen möglich wurde. Die Nordsee ist ein flaches Randmeer und der Meeresboden normalerweise weitgehend eben. Meeresströmungen und Tiden wirken wie eine Harke und gleichen Unebenheiten ständig aus. Deshalb staunten die Forscher bei einer Vermessungsfahrt im Spätherbst 2015 nicht schlecht, als sie auf einer Fläche von 915 Quadratkilometern **mehr als 300.000 Krater** entdeckten. Sie waren **neu entstanden,** denn frühere Kartierungsfahrten hatten bis dahin dort nur die gewohnte ebene Sandfläche gezeigt. Die Krater befinden sich im Gebiet Helgoland-Riff 45 Kilometer nordwestlich vor Helgoland und sind teilweise groß wie Tennisplätze. Bis zu 1200 Krater wurden pro Quadratkilometer gezählt.

Experten nennen diese Krater **Pockmarks,** also Pockennarben. Nähere Untersuchungen ergaben, dass sie durch den **explosionsartigen Austritt von Methangas** entstanden sind, denn rund um das Helgoländer Riff wurden erhöhte Konzentrationen des Reizgases gemessen. Doch was war die **Ursache?** Die Nordsee war während der letzten Eiszeit ein Feuchtgebiet mit entsprechend hohem Anteil an organischem Material. Als der Meeresspiegel nach dem Ende der letzten Eiszeit anstieg, wurde es mit Sedimenten überdeckt und zersetzte sich im Lauf der Zeit. Bei diesem unter Sauerstoffmangel stattfindenden Prozess entstand Methangas. Durch die **überdurchschnittlich warmen** Sommer 2014 und 2015 konnte das Gas im Untergrund in höhere Schichten aufsteigen. Als dann im **Herbst 2015 ein schwerer Sturm** über die Deutsche Bucht zog, zeigte das auch Auswirkungen auf den Meeresboden: Wellen von bis zu sieben Metern Höhe verursachten starke Druckschwankungen, die die Sedimentschichten regelrecht durchwalkten und wie eine Pumpe wirkten. Die gespeicherten Methangasblasen wurden dadurch nach oben getrieben, wo sie schlussendlich durch die Sedimentschicht schossen und sich am Rand der vielen Krater die typischen Wülste bildeten. **Sieben Millionen Kubikmeter Material** wurden durch die Explosionen bewegt – ein für die Deutsche Bucht in dieser Größe unbekanntes Phänomen. Bislang wurden Methanausbrüche typischerweise im Nordpolarmeer nachgewiesen, nicht aber in der Nordsee.

Die Forscher können die Menge des bei diesem Ereignis ausgetretenen Methans nur schätzen und vermuten, dass **etwa 5000 Tonnen** des stark klimaschädlichen Gases freigesetzt worden sind. Obwohl diese Menge etwa zwei Drittel des bisher angenommenen jährlichen Ausstoßes der gesamten Nordsee entspricht, beträgt sie jedoch nur 0,5 Prozent des Jahresausstoßes der Bundesrepublik Deutschland. Man geht davon aus, dass der küstennahe Meeresboden weltweit mit Methangasblasen versetzt ist. Durch den **Klimawandel** kommen extreme Wetterereignisse häufiger vor. Diese könnten dafür sorgen, dass sich ähnliche Phänomene wiederholen.

Der **rhythmische Wechsel** von Bewegung und Ruhephasen hilft erschöpften Menschen dabei, wieder mehr Kraft für den Alltag zu tanken. Der positive Einfluss der Seeluft kann zur Steigerung der Leistungsfähigkeit beitragen. Meist schläft man durch das gesunde Klima und den fehlenden Großstadtlärm auch viel besser und länger. Die gesundheitsfördernden Aspekte eines Aufenthalts am Meer sind durch entsprechende Studien belegt.

Meeresschutz und Ökologie

Das Ökosystem der Meere ist schützenswert

Millionen von Jahren waren die Nordsee und ihre Vorläufer so sauber wie eine tropische Korallenlagune. Auch als die Küsten besiedelt wurden, änderte sich zunächst nichts. Doch in den letzten zweihundert Jahren hat sich die Lage deutlich verschlechtert, und das tut sie weiterhin immer schneller. Die Situation in den Meeren ist inzwischen für Mensch und Tier besorgniserregend geworden. Mit dem starken Bevölkerungswachstum ab dem 19. Jahrhundert fing es an, die Industrialisierung hat die Ent-

274he mna

wicklung noch beschleunigt und auch durch Faktoren wie Überfischung, Seeschifffahrt mit Schweröl, Plastikmüllströme im
Wasser und andere Wasserverschmutzungen **sank die Qualität
des Meerwassers.**

Zu Beginn der zweiten Hälfte des 20. Jahrhunderts war die
Nordsee so **schmutzig wie noch nie.** Ganze Flotten von Schiffen
kippten damals ihre Tankrückstände ins Meer. Dazu flossen
Chemikalien schlimmster Zusammensetzung über die Flüsse in
die Nordsee, manche von beklemmender Lebensfeindlichkeit.
Auch Bauschutt, Chemie- und Atommüll wurden in der Nord-
see verklappt. Es kam immer wieder zu Fischsterben, Vogelster-
ben und Seehundsterben. Da die Menschen keinen sichtbaren
Schaden nahmen, änderte sich lange Zeit nichts nichts. Doch
Mitte der zweiten Hälfte des 20. Jahrhunderts traten die **Um-
weltschützer** auf den Plan. Schnell wurde klar, dass auch **das
Ökosystem der Meere schützenswert ist.** Eine der größten He-

◁ Der Binnenhafen mit Mittelland und der Nordseeklinik

⌃ Schwarzbrauenalbatros im Anflug auf Helgoland

rausforderungen dabei ist die wachsende Komplexität der vielen Probleme im weltumspannenden Kontext.

Chemische, biologische und physikalische Prozesse im Meer beeinflussen sich gegenseitig. In den meisten Fällen gibt es keine einfache Lösung. Die **größten Bedrohungen** sind Überfischung, Meeresverschmutzung, Klimawandel, der Anstieg des Meeresspiegels, Erwärmung, Versauerung und Bioinvasion – also das Einschleppen nicht heimischer Tier- und Pflanzenarten, die keine Fressfeinde haben und die heimischen Arten verdrängen: Das Meer weltweit ist heute so bedroht wie noch nie und es ist eine sehr große Herausforderung, es in ausreichendem Maße zu schützen. Besonders die **Küstenregionen** sind betroffen, weil das Meer dort intensiv genutzt wird. Hier wird der meiste Fisch gefangen, es wird nach Erdöl und Erdgas gebohrt, die Anzahl der Offshore-Windparks wächst und es herrscht starker Schiffsverkehr. Das gilt für die Nordsee im Besonderen.

Die verschiedenen Interessen von **Naturschutz, Ökonomie und Tourismus** lassen sich nur schwer miteinander vereinbaren. Wenn zum Beispiel ein Berufsfischer aus Natur- und Umweltschutzgründen Fangquoten beachten muss oder er bestimmte Fische gar nicht mehr fangen darf, verliert er seine Lebensgrundlage. Sind ganze Bereiche an Land und im Meer als Schutzgebiete ausgewiesen und dürfen nicht mehr betreten oder befahren werden, dient das jedoch dem Schutz der Natur. Es geht um **Nachhaltigkeit,** eine neue politische Richtung und **öffentliches Umdenken.** Kommen handfeste Taten hinzu, bleibt die Hoffnung, dass am Ende die Summe vieler verschiedener Maßnahmen positive Wirkung zeigt.

Auf Helgoland hat sich die Einsicht durchgesetzt, dass eine **saubere Nordsee, Umwelt- und Naturschutz** die wesentlichen Pfeiler der Existenzgrundlage sind. Die Insulaner leben vom Tourismus und profitieren von der Offshore-Windenergie, andere Ressourcen hat das winzige Eiland nicht. Deshalb arbeitet man daran, diese Grundlagen zu erhalten, zu schützen und qualitativ zu verbessern, so weit dies möglich ist (siehe Kapitel „Helgoländer Geschichte"). Wer auf Helgoland seine Ferien verbringt, trägt seinen Anteil dazu bei. Durch verschiedenste Maßnahmen und strenge Vorschriften ist immerhin es gelungen, die Wasserqualität der Nordsee deutlich zu verbessern und ein kühlendes Bad im Meer an einem heißen Sommertag ist völlig unbedenklich.

> Blühende Rote Spornblume am Felshang

Windstärken

Im Folgenden werden die Windstärken nach der **Beaufort-Skala** (1–12) mit den jeweils charakteristischen Bewegungen der See aufgelistet. Zusätzlich die erweiterte Beaufort-Skala nach *Peter Petersen* (13–17).

Bft	km/h	Wind	Zustand der See
0	< 1	Stille	Spiegelglatt
1	1–5	Leichter Zug	Leichte Kräuselwellen
2	6–11	Leichte Brise	Kleine, kurze Wellen mit glasigen Kämmen
3	12–19	Schwache Brise	Anfänge der Schaumbildung
4	20–28	Mäßige Brise	Kleine, länger werdende Wellen, überall Schaumköpfe
5	29–38	Frische Brise	Mäßige Wellen von großer Länge, überall Schaumköpfe
6	39–49	Starker Wind	Größere Wellen mit brechenden Köpfen, überall weiße Schaumflecken
7	50–61	Steifer Wind	Weißer Schaum von den brechenden Wellenköpfen legt sich in Schaumstreifen in die Windrichtung
8	62–74	Stürmischer Wind	Ziemlich hohe Wellenberge, deren Köpfe verweht werden, überall Schaumstreifen
9	75–88	Sturm	Hohe Wellen mit verwehter Gischt, es beginnen sich Brecher zu bilden
10	89–102	Schwerer Sturm	Sehr hohe Wellen, weiße Flecken auf dem Wasser, lange und überbrechende Kämme, schwere Brecher
11	103–117	Orkanartiger Sturm	Brüllende See, Wasser wird waagerecht weggeweht, starke Sichtverminderung
12	118–133	Orkan	See vollkommen weiß, Luft mit Schaum und Gischt angefüllt, keine Sicht mehr
13	134–149	Wirbelsturm	erweiterte Beaufort-Skala nach *Peter Petersen*
14	150–166	Wirbelsturm	erweiterte Beaufort-Skala nach *Peter Petersen*
15	167–183	Wirbelsturm	erweiterte Beaufort-Skala nach *Peter Petersen*
16	184–201	Super-Wirbelsturm	erweiterte Beaufort-Skala nach *Peter Petersen*
17	>201	Hyper-Wirbelsturm	erweiterte Beaufort-Skala nach *Peter Petersen*

Die Nordsee

Sturm und Wellen

Beaufort-Skala

Nebenstehend werden die **Windstärken nach der Beaufort-Skala (1–12 bzw. 17)** mit dem jeweils charakteristischen Zustand der See aufgelistet. Sie ist nach dem irischen Hydrografen *Sir Francis Beaufort* benannt, welcher die Auswirkungen des Windes auf die See notierte. Die ursprüngliche Idee dazu hatte jedoch der englische Ingenieur *John Smaeton*, welcher 1759 erstmals eine Tabelle mit elf Windstärken veröffentlichte. Es gab lange keine verbindliche Version, sondern es wurden verschiedene Varianten verwendet. So auch die Mitte der 1930er-Jahre international eingeführte Skala des deutschen Kapitäns *Peter Petersen* mit seiner 18-stufiger Einteilung. Auch an der Nordsee wurden schon Windgeschwindigkeiten von über 200 Stundenkilometern gemessen.

⌄ „Sturmläuten auf Helgoland" (Gemälde von Rudolf Jordan, 1893)

helgo_176.abg

6

◁ Gehörntes Schaf auf dem Oberland

Helgoland im Internet

Vielfalt ohne Ende

Google führt unter „Helgoland" **knapp vier Millionen Einträge** auf. Um sich im Informationsdschungel des World Wide Web leichter zurecht zu finden, werden hier einige nützliche Internetseiten empfohlen.

■ Generelle Infos über die Insel inklusive Unterkunftssuche findet man unter **www.helgoland.de.**
■ Bei **www.wikipedia.de** ist Helgoland ebenfalls gut vertreten.
■ Umfangreiche Informationen zur Inselgeschichte bietet die Website **www. helgoland-genealogie.info.**
■ Informationen über aktuelle Ausstellungen im Museum Helgoland sowie Kontaktdaten zur Anmeldung für die Bunkerführungen gibt es auf **www.museum-helgoland.de.**
■ Tagesaktuelle Neuigkeiten und Programme bei **www.landundmeer.de.**
■ Mit einem Helgoländisch – Deutschen Wörterbuch kann man sich ein wenig auf das Inselfriesisch vorbereiten unter **www.helgolaendisch-halunder.de.**

Literaturhinweise

■ *Andres, Jörg:* **Insel Helgoland – Die Seefestung und ihr Erbe,** Ch. Links Verlag, Berlin 2014, ISBN 978-3-86153-770-0. Der Leiter des Museums Helgoland beschreibt die Militärgeschichte der Insel als strategisch bedeutende „Seefestung".
■ *Bajohr, Frank:* **„Unser Hotel ist judenfrei",** Fischer Taschenbuch Verlag, Frankfurt a. M. 2003, ISBN 978-3-5961-5796-9. Wissenschaftliche Aufarbeitung des sog. Bäder-Antisemitismus im 19. und 20. Jahrhundert.
■ *Borchers, Mina/Arhammar, Nils:* **Wi lear Halunder,** Förderverein des Museums Helgoland, Helgoland 2015, ISBN 978-3880075610. Lehrbuch über das Inselfriesisch von einer Helgoländerin und einem schwedischen Sprachwissenschaftler mit dem Schwerpunkt Frisistik geschrieben.
■ *Breuer, Thomas:* **Leander und der Lummensprung,** Leda-Verlag, Leer 2015, ISBN 978-3-86412-084-8. Unterhaltsamer Inselkrimi aus der Reihe um den Förer Expolizisten Henning Leander.
■ *Busch, Wilhelm:* **Maks en Morits: Herrem seeben Greowhaiten en deät En dearfan,** Edition Tintenfass, Neckarsteinach 2015, ISBN 978-3-943052-82-4. Deutsch-Halunder-friesische (Helgoländische) Ausgabe des Klassikers in der Übersetzung von James Krüss.

606he rh

Sommerferien in Deutschland

Bundesland	2018	2019	2020
Baden-Württemberg	26.7.–8.9.	29.7.–10.9.	30.7.–12.9.
Bayern	30.7.–10.9.	29.7.–9.9.	27.7.–7.9.
Berlin	5.7.–17.8.	20.6.–2.8.	25.6.–7.8.
Brandenburg	5.7.–18.8.	20.6.–3.8.	25.6.–8.8.
Bremen	28.6.–8.8.	4.7.–14.8.	16.7.–25.8.
Hamburg	5.7.–15.8.	27.6.–7.8.	25.6.–5.8.
Hessen	25.6.–3.8.	1.7.–9.8.	6.7.–14.8.
Meckl.-Vorpommern	9.7.–18.8.	1.7.–10.9.	22.6.–1.8.
Niedersachsen	28.6.–8.8.	4.7.–14.8.	16.7.–26.8.
Nordrh.-Westfalen	16.7.–28.8.	15.7.–27.8.	29.6.–11.8.
Rheinland-Pfalz	25.6.–3.8.	1.7.–9.8.	6.7.–14.8.
Saarland	25.6.–3.8.	1.7.–9.8.	6.7.–14.8.
Sachsen	2.7.–10.8.	8.7.–16.8.	20.7.–28.8.
Sachsen-Anhalt	28.6.–8.8.	4.7.–14.8.	16.7.–26.8.
Schleswig-Holstein	9.7.–18.8.	1.7.–10.8.	29.6.–8.8.
Thüringen	2.7.–11.8.	8.7.–17.8.	20.7.–29.8.

● *Dierschke, Jochen/Dierschke, Volker/Hüppop, Kathrin/Hüppop Ommo/Jachmann, Klaas Felix:* **Die Vogelwelt der Insel Helgoland,** OAG Helgoland 2011, ISBN 978-3-00-035437-3. Detailreicher Führer zur Vogelbeobachtung auf Helgoland mit vielen Informationen über den Vogelzug und die verschiedenen Arten.

● *Gätke, Heinrich/Blasius, Rudolf:* **Die Vogelwarte Helgoland,** Fachbuchverlag-Dresden 2015, ISBN 978-3956926679. Etwas für Liebhaber – Nachdruck der Originalauflage der zweiten Auflage von 1900.

● *Krüss, James:* **Mein Urgroßvater und ich,** Verlag Friedrich Oetinger, Hamburg 2009, ISBN 978-3-7891-4043-3. Der Helgoländer James Krüss erzählt in diesem Buch von seinem weisen alten Großvater, einem Hummerfischer, der Kindergeschichten erfindet.

● *Krüss, James:* **Mein Urgroßvater, die Helden und ich,** Verlag Friedrich Oetinger, Hamburg 2009, ISBN 978-3-7891-4042-6. Eine weitere Erzählung über den kleinen Jungen Boy und seinen Geschichten erfindenden Großvater.

● *Krüss, James:* **Historie von der schönen Insel Helgoland,** Husum Druck- und Verlagsgesellschaft, Husum 2015, ISBN 978-3-89876-764-4. Die Geschichte der Insel in 612 Versen: „Irgendwo ins grüne Meer hat ein Gott mit leichtem Pinsel, lächelnd, wie von ungefähr, einen Fleck getupft: Die Insel."

● *Leudesdorff, René:* **Wir befreiten Helgoland.** Cobra Verlag, Husum 1987, ISBN 978-3-9804-6709-4. Die „Wiedereinnahme" Helgolands durch zwei deutsche Studenten, aus erster Hand spannend geschildert. Leider nur noch antiquarisch erhältlich.

● *Lubitz, Jan:* **Architektur auf Helgoland,** Rickmers-Verlag, Helgoland 2014, ISBN 978-3-9816915-0-4. Wissenswertes rund um die Inselarchitektur und den Wiederaufbau nach dem Zweiten Weltkrieg.

● *Rickmers, Detlev:* **Ein Fels, eine Familie,** Rickmers-Verlag, Helgoland 2014, ISBN 978-3-9816915-1-1. Bericht über 500 Jahre Geschichte der Familie Rickmers auf Helgoland im Wandel der Weltgeschichte.

● *Rösing, Wilhelm:* **Franz Schensky – Der Fotograf und das Meer,** Wachholtz Verlag – Murmann Publishers, Kiel/Hamburg 2015, ISBN 978-3-529-05347-4. Hervorragend gedruckter Bildband mit sehr informativen Texten zu Leben und Arbeit von Franz Schensky.

● *Rüger, Jan/Sieber, Karl Heinz:* **Helgoland – Deutschland, England und ein Felsen in der Nordsee,** Propyläen Verlag, Berlin 2017, ISBN 978-3-549074947. Die große Geschichte einer kleinen Insel.

● *Schultheiß, Evelyn/Schensky, Franz:* **Das alte Helgoland, photographiert von Franz Schensky,** Worpsweder Verlag 2000, ISBN 978-3922516545. Das Sonderstück zeigt ein schönes Portrait der Insel, ist aber leider nur noch antiquarisch zu bekommen.

● *Thiede, Walther:* **Wasservögel und Strandvögel – Arten der Küsten und Feuchtgebiete,** BLV Buchverlag München 2012, ISBN 978-3-405151096. Ein handlicher Führer, der die wichtigsten Wasser- und Strandvögel beschreibt.

Das komplette Programm zum Reisen und Entdecken
von REISE KNOW-HOW

- **Reiseführer** – alle praktischen Reisetipps von kompetenten Landeskennern

- **CityTrip** – kompakte Informationen für Städtekurztrips

- **CityTrip**[PLUS] – umfangreiche Informationen für ausgedehnte Städtetouren

- **InselTrip** – kompakte Informationen für den Kurztrip auf beliebte Urlaubsinseln

- **Wohnmobil-Tourguides** – alle praktischen Reisetipps für Wohnmobil-Reisende

- **Wanderführer** – exakte Tourenbeschreibungen mit Karten und Anforderungsprofilen

- **KulturSchock** – Orientierungshilfe im Reisealltag

- **Die Fremdenversteher** – kulturelle Unterschiede humorvoll auf den Punkt gebracht

- **Kauderwelsch Sprachführer** – vermitteln schnell und einfach die Landessprache

- **Kauderwelsch plus** – Sprachführer mit umfangreichem Wörterbuch

- **world mapping project**™ – aktuelle Landkarten, wasserfest und unzerreißbar

- **Edition REISE KNOW-HOW** – Geschichten, Reportagen und Abenteuerberichte

www.reise-know-how.de   Reisen? We know how!

Register

Wir bitten um Ihre Mithilfe

Dieser Reiseführer ist gespickt mit unzähligen Adressen, Preisen, Tipps und Infos. Nur vor Ort kann überprüft werden, was noch stimmt, was sich verändert hat, ob Preise gestiegen oder gefallen sind, ob ein Hotel, ein Restaurant immer noch empfehlenswert ist oder nicht, ob ein Ziel noch erreichbar ist oder nicht, ob es eine lohnende Alternative gibt usw.

Unsere Autoren sind zwar stetig unterwegs und erstellen ca. alle zwei Jahre eine komplette Aktualisierung, aber auf die Mithilfe von Reisenden können sie nicht verzichten.

Darum: Schreiben Sie uns, was sich geändert hat, was besser sein könnte, was gestrichen bzw. ergänzt werden soll. Nur so bleibt dieses Buch immer aktuell und zuverlässig. Wenn sich die Infos direkt auf das Buch beziehen, würde uns eine Seitenangabe die Arbeit sehr erleichtern. Gut verwertbare Informationen belohnen wir mit einem Sprachführer Ihrer Wahl aus der über 220 Bände umfassenden Reihe „Kauderwelsch". Bitte schreiben Sie an:

REISE KNOW-HOW Verlag
Peter Rump GmbH | Postfach 140666 | 33626 Bielefeld
oder per E-Mail an: info@reise-know-how.de
Danke!

Anhang

Fotonachweis

- Nicole Funck (nf)
- Michael Narten (mna)
- Roland Hanewald (rh)
- Archiv Museum Helgoland (amh)
- Aquarium Café (aq)
- Bruns Bistro (bb)
- Klaus Friedrichs (kf)
- FRS Helgoline (AUSTAL)
- Photo-Dienst Höhler (pdh)

- Per Kasch (DGzRS/pk)
- Steven Keller (DGzRS/sk)
- Volker Kuinke (vk)
- Kurverwaltung Helgoland (kvh)
- Museum Helgoland Archiv Schenksy (mhas)
- Heiner Orth (ho)
- Marika Richters (mr)
- Sammlung Michael Narten (smn)
- Bianca Strutz (bs)
- Dieter Wörrlein (dw)
- Jörg Zogel (jz)

Danke

Ohne die Unterstützung vieler Helfer kann kein guter Reiseführer entstehen. Deshalb möchten wir an dieser Stelle allen ganz herzlich danken, denn so konnten wir gemeinsam ein Buch machen, das hoffentlich vielen Lesern gefällt.

Klaus Friedrichs von der Gemeinde Helgoland, *Jörg Andres, Hanne Siemund, Evelyn Denker* und das Team vom Museum Helgoland, *Kerstin Hahnfeld* und das Team von der Helgoland-Touristik, *Dr. Jochen Dierschke* und das Team vom Institut für Vogelforschung, Börtebootkapitän *Gerold Lösekann* und *Mike Gieler* von der Gemeinde Helgoland, *Doris Packbiers* und *Volker Kuinke, Bärbel Wichmann* vom Dünenrestaurant, *Thorsten Probst-Engelhardt* von der Kreppbude, *Marc Armgardt* vom Wasser- und Schifffahrtsamt Tönning/ Leuchtturm Helgoland, *Kay Trieglaff* vom Flughafen Helgoland, *Dr. Andreas Schmidt* vom Alfred-Wegener-Institut, Bunkerführer *Olaf Ohlsen, Iris Binnewies* vom Rickmers Hotel Insulaner, Tourismus-Direktor *Lars Johannson,* die Whiskyexperten *Gero Kleindienst* und *Heiner Stepper, Henning Mein* von den Wasserwerken Helgoland, *Holger Bünning* und *Rainer Hatecke* vom Verein zum Erhalt der Helgoländer Börteboote, *Ralf Baur, Edda Karhof* und *Jörg Zogel* von der Deutschen Gesellschaft zur Rettung Schiffbrüchiger, *Claudia Edmund* vom Café Krebs, *André Kelling, Susanne* und *Rudi Lamade-Großmann, Kirsten Rickmers-Liebau,* Schokoladenexperte *Thomas Wüppermann, Stefanie Schoppmann* von der Cassen Eils GmbH, *Corinna Habben* von der AG Ems und *Axel Schweighardt* von der SGS Germany GmbH.

Die Autoren

Nicole Funck, geboren 1963 in Köln, studierte an der Ludwig-Maximilians-Universität München und ist Unternehmensberaterin für Kommunikation und Marketing mit langjähriger Führungserfahrung in Unternehmen, vorwiegend aus dem technischen Umfeld. Sie lebt und arbeitet im Großraum Hannover. Mit dem Schreiben vertraut, veröffentlichte sie viele Beiträge und war an zahlreichen Buchveröffentlichungen beteiligt. Ihr Reiseführer über die Mongolei, erschienen 2015 im Reise-Know-How Verlag, wurde mit dem ITB Book Award ausgezeichnet. Im gleichen Verlag erschien 2017 der gemeinsam mit Michael Narten verfasste Reiseführer über die ostfriesische Insel Borkum.

Michael Narten, geboren 1964 in Hannover, arbeitete viele Jahre als Grafiker und Art Director in Hannover und Hamburg. Heute ist er als Grafiker, Fotograf und Buchautor tätig. In den vergangenen zehn Jahren war er an der Veröffentlichung von zahlreichen Büchern beteiligt. Als Autor verfasste er mehrere Titel über die Stadtgeschichte Hannovers, ein weiterer Schwerpunkt seiner Arbeit ist die Aufarbeitung von Firmengeschichten in Buchform. Zwei Bildbände über die Ostfriesischen Inseln und Ostfriesland sind im Hinstorff-Verlag erschienen.

Roland Hanewald, geboren 1942 in Cuxhaven, wuchs an der Weser auf. Gut zwanzig Jahre fuhr er weltweit zur See. Lange Zeit verbrachte er auf den Philippinen. Er spricht fließend Platt, die Ratschläge für die Sicherheit am Strand entstammen solider Praxis. Er war bereits 1955 Deutschlands jüngster Rettungsschwimmer. Der vorliegende Band ist einer von Roland Hanewalds vielen Büchern. Mit über 1400 Fotoreportagen ist er überdies einer der produktivsten Journalisten seines Genres, vertreten in bislang 48 Ländern.